Hermann Kunz

Der große Durchbruchsversuch der zweiten Pariser Armee

Hermann Kunz

Der große Durchbruchsversuch der zweiten Pariser Armee

ISBN/EAN: 9783741184604

Hergestellt in Europa, USA, Kanada, Australien, Japan

Cover: Foto ©ninafisch / pixelio.de

Manufactured and distributed by brebook publishing software (www.brebook.com)

Hermann Kunz

Der große Durchbruchsversuch der zweiten Pariser Armee

Der große Durchbruchsversuch

der

zweiten Pariser Armee

in den Tagen vom 29. November bis 3. Dezember 1870.

Von

Kunz,
Major a. D.

Mit einer Karte und zwei Skizzen.

Berlin 1891.
Ernst Siegfried Mittler und Sohn
Königliche Hofbuchhandlung
Kochstraße 68—70.

Mit Vorbehalt des Uebersetzungsrechts.

Vorwort.

Das vorliegende Büchlein soll dem Leser ermöglichen, einen klaren Ueberblick über die denkwürdigen, kriegerischen Ereignisse zu gewinnen, welche in den Tagen vom 29. November bis zum 3. Dezember 1870 vor Paris stattfanden. Der Arbeit haben die besten deutschen und französischen Quellenwerke als Grundlage gedient, auch sind eine stattliche Anzahl von deutschen und französischen Regimentsgeschichten mit großem Nutzen verwerthet worden. Die Schrift soll nun dem Leser die Mühe ersparen, diese äußerst zahlreichen und mitunter sehr umfangreichen Quellenwerke selbst durchzustudiren. Gleichzeitig soll sie den Leser zu taktischen und strategischen Betrachtungen anregen und ihn dazu bewegen, sich ein eigenes Urtheil über die Ereignisse zu bilden.

Den Stärke- und Verlust-Verhältnissen ist, wie in allen meinen Schriften, ein ganz besonderer Werth beigemessen worden.

Möchte das kleine Buch dieselbe freundliche Aufnahme finden, welche meinen früheren Arbeiten in so reichem Maße zu Theil geworden ist.

Berlin, im September 1891.

Hermann Kunz,
Major a. D.

Inhalts-Verzeichniß.

		Seite
I.	Einleitung	1
II.	Der 29. November	19
III.	Der 30. November	28
	Das Gefecht am Mont Mesly	61
	Ausfall gegen das 6. preußische Armeekorps	66
	Ausfall gegen Epinay	68
	Militärische Betrachtungen über die Demonstrationen der Franzosen am 30. November	71
IV.	Der 1. Dezember	77
V.	Der 2. Dezember	79
	Kampf der Sachsen bei Bry	92
VI.	Der 3. Dezember	118

Bemerkungen.

Die Abkürzungen haben folgende Bedeutung:

I./108 = 1. Bataillon Regiments Nr. 108.
7./49 = 7. Kompagnie Regiments Nr. 49.
Batterie 5./21 = 5. Batterie Artillerie-Regiments Nr. 21.

Quellen.

A. Deutsche.

1. **Generalstabswerk.** Der deutsch-französische Krieg 1870/71. Redigirt von der kriegsgeschichtlichen Abtheilung des großen Generalstabes. Berlin 1874 bis 1881.
2. **Blume** (Major), Die Operationen der deutschen Heere von der Schlacht bei Sedan bis zum Ende des Krieges. Berlin 1872.
3. **Stieler von Heydekampf** (Hauptmann), Das 5. Armeekorps im Kriege gegen Frankreich 1870/71. Nach den Tagebüchern und Gefechtsberichten der Truppen dargestellt. Berlin 1872.
4. **Heyde** (Hptm.) und **Froese** (Hptm.), Geschichte der Belagerung von Paris im Jahre 1870/71. Auf Befehl der Königl. General-Inspektion des Ingenieurkorps und der Festungen unter Benutzung amtlicher Quellen bearbeitet. Berlin 1874—1875.
5. **Goetze** (Hptm.), Die Thätigkeit der deutschen Ingenieure und technischen Truppen im deutsch-französischen Kriege von 1870/71. II. Theil. Cernirung und Belagerung von Paris; die Operationen im Süden und Westen von Paris, Belagerungen der Festungen Toul, Soissons und Longwy. Berlin 1873.
6. **Schubert** (Oberst), Das 12. (Königl. Sächsische) Armeekorps während der Einschließung von Paris im Kriege 1870/71, mit besonderer Berücksichtigung der beiden Schlachten bei Villiers. Dresden 1875.
7. **Heilmann** (Oberstlt.), Antheil des 2. Bayerischen Armeekorps an dem Feldzuge 1870/71 gegen Frankreich. München 1872.
8. **Riepold** (Major z. D.), Die Kämpfe zwischen der Seine und Marne vom 30. November bis zum 4. Dezember 1870. 1. u. 2. Schlacht bei Champigny-Villiers, Gefecht bei Mesly. Darmstadt 1875.
9. **von Riethammer** (Hptm.), Die Schlacht bei Villiers am 30. November 1870 mit besonderer Rücksicht auf die 1. Königl. württemb. Feldbrigade Freiherr von Reitzenstein. Stuttgart 1882.
10. **v. Schmid** (Hptm.), Die zweite Schlacht bei Villiers am 2. Dezember 1870. Stuttgart 1881.
11. **Württembergische Jahrbücher für Statistik und Landeskunde.** Jahrgang 1889. Heft 3. Herausgegeben von dem I. statist. Landesamt. Stuttgart.
12. **Engel** (Dr.), Die Verluste der deutschen Armeen an Offizieren und Mannschaften im Kriege gegen Frankreich 1870/71. Berlin 1872.

B. Französische.

13. Ducrot (le général), La Défense de Paris. 1870/71. 4 vols. Paris 1875—1878.
14. Vinoy (le général), Siège de Paris. Campagne de 1870/71. Opérations du 13. corps et de la troisième Armée. Paris 1872.
15. de la Roncière-le Noury (le Vice-Amiral), La marine au siège de Paris d'après les documents officiels. Paris 1872.
16. Joguet-Tissot, Les armées allemandes sous Paris. Paris 1890.
17. Chaper, Examen, au point de vue militaire, des actes du Gouvernement de la défense nationale dans Paris. Versailles 1873.
18. De Sarrepont (major), Histoire de la défense de Paris en 1870/71. Paris 1872.
19. Bonnet (chef d'escadron d'artillerie), Guerre franco-allemande 1870/71. Résumé et commentaires de l'ouvrage du grand état-major prussien. 3 vols. Paris 1878—1883.
20. Canonge, Histoire militaire contemporaine. 2 vols. Paris 1882.
21. Le Faure, Histoire de la guerre franco-allemande (1870. 1871). 2 vols. Paris 1874.
22. A. G., Le blocus de Paris et la première armée de la Loire. Paris 1889.
23. Viollet-le-Duc, Mémoire sur la défense de Paris. Paris 1871.
24. Favé (le général), Deux combats d'artillerie sous les forts de Paris. Champigny, Villa-Evrard. Paris 1874.
25. Allier, Combat de l'Hay, livré le 29 novembre 1870 par le 110ᵉ et le 112ᵉ régiment de ligne, le 3ᵉ et le 4ᵉ bataillon des mobiles du Finistère. Morlaix 1881.
26. Baron Ambert (le général), Gaulois et Germains. Récits militaires. Tome 4. Le siège de Paris. Paris 1885.
27. Comte d'Hérisson, Journal d'un officier d'ordonnance (juillet 1870—février 1871). Paris 1884.
28. Histoire critique du siège de Paris, par un officier de marine, ayant pris part au siège. Paris 1871.
29. Le Journal du siège de Paris. Publié par le „Gaulois". Paris 1871.
30. Piérart, Les batailles de la Marne en novembre et décembre 1870. Douvlers 1875.
31. Pierotti, Rapports militaires officiels du siège de Paris. Paris 1872.
32. Ballue, Les Zouaves à Paris pendant le siège. (Souvenir d'un Zouave.) Paris 1872.
33. Comte de Goldern, Les sièges de Paris et de Belfort. Etude militaire publiée dans le Mémorial de l'artillerie et du Génie Autrichien. Traduit de l'allemand par Grillon. Paris 1873.
34. Gourju, La Côte d'Or au siège de Paris. Dijon 1872.
35. Jezierski, Combats et batailles du Siège de Paris. Paris 1871.
36. Lecomte, Relation historique et critique de la guerre franco-allemande en 1870/71. 4 vols. Genève 1872—1874.

— VIII —

37. De Mazade, La guerre de France 1870/71. 2 vols. Paris 1875.
38. Récit de la bataille de Champigny (30 novembre et 2 décembre 1870). Paris 1878.

C. Deutsche Regimentsgeschichten.

39. Geschichte des Grenadier-Regiments König Friedrich Wilhelm IV. (1. Pommersches) Nr. 2.
40. Geschichte des Infanterie-Regiments Graf Schwerin (3. Pommersches) Nr. 14.
41. „ „ „ „ Keith (1. Oberschlesisches) Nr. 22.
42. Geschichte des Infanterie-Regiments Fürst Leopold von Anhalt-Dessau (1. Magdeburgisches) Nr. 26.
43. Geschichte des 1. Thüringischen Infanterie-Regiments Nr. 31.
44. „ „ 6. Pommerschen Infanterie-Regiments Nr. 49.
45. „ „ 3. Thüringischen Infanterie-Regiments Nr. 71.
46. „ „ 1. Sächsischen (Leib-) Grenadier-Regiments Nr. 100.
47. „ „ 5. Sächsischen Infanterie-Regiments Prinz Friedrich August Nr. 104.
48. Geschichte des 7. Sächsischen Infanterie-Regiments Prinz Georg Nr. 106.
49. „ „ Sächsischen Schützen- (Füsilier-) Regiments Prinz Georg Nr. 108.
50. „ „ Grenadier-Regiments Königin Olga (1. Württemberg.) Nr. 119.
51. „ „ Pommerschen Jäger-Bataillons Nr. 2.

D. Französische Regimentsgeschichten.

52. Historique du 35 ième régiment de ligne.
53. „ „ 42 „ „ „ „
54. „ „ 106 „ „ „ „
55. „ „ 107 „ „ „ „
56. „ „ 112 „ „ „ „
57. „ „ 116 „ „ „ „
58. „ „ 125 „ „ „ „
59. „ „ 126 „ „ „ „
60. „ „ 128 „ „ „ „

I. Einleitung.

Als Paris am 19. September 1870 von den deutschen Heeren eingeschlossen wurde, glaubte Niemand an die Möglichkeit eines langdauernden Widerstandes der Riesenstadt. Der Gouverneur von Paris, General Trochu, hielt selbst nur einen Widerstand von einigen Wochen, allenfalls von ein paar Monaten, für möglich. Für die Vertheidigung von Paris war es ein besonderes Unglück, daß gerade der höchste General, der Präsident des gouvernement de la défense nationale, die Persönlichkeit, welche, an der Spitze des Staates stehend, gerade die gewaltigste Energie hätte entfalten sollen, daß eben dieser Mann ein so geringes Vertrauen in die Leistungsfähigkeit der ihm anvertrauten Streitkräfte setzte.

Die Niederlage vom 19. September bestärkte den General Trochu in seinem Pessimismus. Als dann aber der so sehr gefürchtete gewaltsame Angriff der Deutschen nicht erfolgte, erholte sich ganz Paris von dem ersten Schrecken. Man fing an, wieder Vertrauen zu fassen. Indessen verging noch viel Zeit, ehe man an die beiden wichtigsten Fragen ernsthaft herantrat, die Frage der Organisation der vorhandenen Streitkräfte und die Frage der regelmäßigen Verwaltung der vorhandenen Lebensmittelvorräthe.

Zuerst hatte man geglaubt, die Zeit würde nicht ausreichen, um aus den brauchbaren Elementen der Nationalgarde Truppenkörper zu bilden, welche man auch in der Schlacht verwenden konnte. Allerdings war die Nationalgarde aus den verschiedenartigsten Bestandtheilen zusammengesetzt. Nach Bonnet hatten mehr als 40 000 Mann und nicht weniger als 1800 Offiziere der Nationalgarde bereits gerichtliche Strafen erlitten, darunter sollen sich nahezu 25 000 gemeine Verbrecher befunden haben. Es befanden sich aber auch 50 000 bis 60 000 altgediente Soldaten in der Nationalgarde von Paris, welche recht gut in kriegsbrauchbare Truppenkörper zusammengefaßt werden konnten. Man that dies jedoch nicht, und als man am 8. November 1870 endlich die Bildung der sogenannten mobilen Kriegsbataillone der Nationalgarde befahl, war es zu spät; auch war die Art und Weise, in welcher diese Bataillone gebildet wurden, keineswegs zweckmäßig.

Man hätte sich bis dahin damit begnügt, die Linientruppen und einige wenige Mobilgarden durch die Ausfälle vom 30. September, vom 13. und 21. Oktober an das Feuer zu gewöhnen. Es ist eine kaum glaubliche, aber dennoch feststehende Thatsache, daß der erste wirklich zuverlässige Stärkerapport der Pariser Armee vom 21. Oktober datirt. (Rapport par M. Chaper, Seite 41, Anmerkung.) Bis dahin scheint eine erhebliche Unordnung in der Verwaltung des Pariser Heeres geherrscht zu haben, welche wohl wesentlich darauf zurückzuführen ist, daß die Pariser Armee in der denkbar buntscheckigsten Art zusammengesetzt war. Dieselbe umfaßte nämlich folgende verschiedene Truppengattungen:

1. einige alte Linien=Regimenter der Infanterie und Kavallerie;
2. neuformirte Marsch=Regimenter der Infanterie und Kavallerie und die entsprechenden Neuformationen der Feld=Artillerie und der Genietruppen;
3. Depottruppen;
4. Douaniers, Forestiers, Gensdarmen zu Fuß und zu Pferde, sergents de ville;
5. Marine=Infanterie und =Artillerie, Matrosen;
6. Mobilgarden der Infanterie und Artillerie;
7. Nationalgarden der Infanterie, Kavallerie und Artillerie;
8. Freikorps der Infanterie, Kavallerie, Artillerie und der Genietruppen.

Dazu muß man ferner noch die verschiedenartigen Truppen der Festungs=Artillerie, der services administratifs und der équipages militaires rechnen.

Diese Truppenmassen gehörten theils unter die Botmäßigkeit des Kriegsministers, theils unter diejenige des Marineministers, theils aber auch unter diejenige des Ministers des Innern. Außerdem wurden die Depottruppen theils zur Ergänzung der Verluste der Linien=Regimenter, theils zur Bildung neuer Truppentheile verwendet. So wurden z. B. am 2. Oktober das Regiment Nr. 137, am 20. Oktober die Regimenter Nr. 138 und 139, im November die Jäger=Bataillone Nr. 21 und 22, das Jäger=Bataillon Nr. 23 sogar erst im Dezember gebildet. Wenn man sich nun daran erinnert, daß die Regierung der Nationalvertheidigung eben erst am 4. September 1870 aus einer Revolution hervor=

gegangen war, daß ferner im Anfange der Belagerung eine ziemlich große Planlosigkeit in den höchsten Kreisen der Verwaltung von Paris geherrscht hat, so kann man sich allenfalls erklären, daß erst am 21. Oktober die Großartigkeit des vorhandenen Menschenmaterials zur allgemeinen Kenntniß kam. Der betreffende Stärkerapport weist in runden Zahlen folgenden Bestand auf:

130 700 Mann Linientruppen aller Waffengattungen,
116 400 = Mobilgarden,
14 300 = Marinetruppen,
10 000 = Gensdarmen, Douaniers und Forstbeamte,
3 000 = Hülfskanoniere,

zusammen 274 400 Mann, von denen allerdings nicht weniger als 29 200 Mann als „abwesend" geführt wurden oder mehr als 10,6 pCt. der Iststärke. Der Bericht von Chaper spricht aus, daß der größte Theil dieser „Abwesenden" in ungesetzmäßiger Weise den Truppentheil verlassen habe, daß man aber in gewissen Mobilgarden-Bataillonen der Seine nicht gewagt habe, die betreffenden Mannschaften zu bestrafen. Interessant ist folgender statistischer Vergleich:

Die Linientruppen, welche bis zum 21. Oktober fast allein die Last der Gefechte getragen hatten, zählten einschließlich der in den Lazarethen befindlichen Verwundeten 11,3 pCt. der Iststärke an Abwesenden. Dagegen belief sich, trotz äußerst geringer Verluste im Gefechte, der Prozentsatz der Abwesenden bei den Mobilgarden auf mehr als 11,4 pCt. Den geringsten Prozentsatz von Abwesenden hatten die Hülfskanoniere mit 0,36 pCt.; dann folgen die Gensdarmen, Forstiers und Douaniers mit 4,16 pCt. und die Marinetruppen mit 5,3 pCt. der Iststärke an Abwesenden. Die geringe Disziplin der Mobilgarden hatte also zur Folge, daß die Zahl der Abwesenden eine ganz außerordentlich hohe Ziffer erreichte.

Zu jenen 274 400 Mann müssen dann noch etwa 344 000 Mann der Nationalgarden-Infanterie, eine Kavallerie-Legion und neun Batterien der Nationalgarde gerechnet werden, ebenso etwa 15 000 bis 18 000 Mann der verschiedenen Freikorps. Dies ergiebt eine Masse von rund 640 000 Mann der Pariser Armee.

Es ist wahr, von diesen 640 000 Mann waren die Nationalgarden nur bewaffnete Menschen, die Mobilgarden nicht viel mehr und die Freikorps eher noch weniger. Es bleiben also nur etwas mehr als 150 000 Soldaten übrig und auch diese waren fast durchweg Rekruten.

Indessen die öffentliche Meinung in Paris hielt jeden bewaffneten Bürger für einen Soldaten, der dem Deutschen angeblich schon deshalb überlegen war, weil dieser für eine stumpfe, abgerichtete Maschine, der Franzose dagegen für einen intelligenten Republikaner galt. Mit dieser öffentlichen Meinung aber, so thöricht, ja so kindisch sie auch war, mußte man rechnen. Man hatte sie gleich anfangs sich über den Kopf wachsen lassen, jetzt war man von ihr abhängig.

Anfang November wurde nunmehr in Paris eine neue Organisation der Armee vorgenommen und zwar in folgender Weise. Man schuf drei Armeen. Die I. Armee bestand aus 266 Kriegsbataillonen der Nationalgarde. Die II. Armee war für große Ausfallsoperationen bestimmt und enthielt fast sämmtliche Linientruppen und die besten Mobilgarden-Regimenter. Die III. Armee und das Armeekorps von St. Denis bestanden hauptsächlich aus Mobilgarden und waren zur Besetzung der ausgedehnten Vorpostenstellungen rings um Paris bestimmt. In diese Aufgabe sollte die I. Armee unterstützend eingreifen. Der Rest der Nationalgarde war für den Dienst auf den eigentlichen Festungswerken und in Paris selbst bestimmt, während noch etwa 70 000 Mann Marine- und Linientruppen, sowie Mobilgarden die Besatzung der Forts bildeten.

Uns interessirt besonders die Zusammensetzung und Stärke der II. Armee, welche unter General Ducrot stand.

Nach dem Berichte von Chaper über die Vertheidigung von Paris, Pièces justificatives, No. III zählte am 21. Oktober 1870 im Durchschnitt ein Linien-Bataillon 780 Mann, ein Mobilgarden-Bataillon 1069 Mann présents. Nehmen wir nun für die Zeit vom 21. Oktober bis 28. November 1870 einen Abgang von 10 pCt. an Kranken an, (Gefechte kamen in dieser Zeit nur bei Le Bourget vor und die dort kämpfenden Truppen nahmen an der Schlacht von Villiers—Champigny keinen Antheil), nehmen wir ferner an, daß die Verluste vom 21. Oktober in dem Stärkenachweise vom gleichem Tage noch nicht berücksichtigt werden konnten und daß man alle nicht völlig marschfähigen Mannschaften der Ausfallsarmee sorgfältig ausgeschieden hatte, so würde nach einem Abschlage von 50 Mann per Bataillon für Nichtkombattanten noch immer die Durchschnittsstärke für den 29. November sich wie folgt stellen:

Bei einem Linien-Bataillon auf rund 650 Gewehre,
Bei einem Mobilgarden-Bataillon auf rund 900 Gewehre.

Dies dürfte das geringste Maß der Stärke sein, welches auf Grund der offiziellen Stärkenachweise aufgestellt werden darf. Um jedoch in keiner Weise den Franzosen zu nahe zu treten, wollen wir den Abgang bei den

Mobilgarden-Bataillonen noch um 50 Man per Bataillon höher berechnen und die Stärke eines solchen am 29. November zu 850 Gewehren annehmen.

Vergleicht man diese Zahlen mit den Stärkenachweisen für den 21. Oktober, so wird Niemand bezweifeln können, daß wir bereits ein Minimum von Stärke angenommen haben, unter welches herunterzugehen die Rücksicht auf die offiziellen Stärkenachweise der Pariser Armee schlechterdings nicht gestattet.

Zusammensetzung und Stärke der Armee Ducrots.

Die Zusammensetzung der II. Pariser Armee war die folgende:

I. Armeekorps. General Blanchard.

1. Division. General be Malroy.

1. Brigade. General Martenot. Mobilgarden-Regimenter Jlle et Vilaine und Côte b'or = 5100 Gewehre.
2. Brigade. General Paturel. Linien-Regimenter Nr. 121 und 122 = 3900 Gewehre.

2. Division. General be Maub'huy.

1. Brigade. General Valentin. Linien-Regimenter Nr. 109 und 110. Mobilgarden-Regiment Finistère = 6450 Gewehre.
2. Brigade. General Blaise. Linien-Regimenter Nr. 111 und 112 = 3900 Gewehre.

3. Division. General Faron.

1. Brigade. Oberst Comte. Linien-Regimenter Nr. 113 und 114. Mobilgarden-Regiment Vendée = 6450 Gewehre.
2. Brigade. General be la Mariouse. Linien-Regimenter Nr. 35 und 42 = 3900 Gewehre.

Jede Division besaß 2 gezogene 4 pfdge ⎱ Batterien.
1 Mitrailleusen- ⎰

Die Reserve-Artillerie zählte 6 gezogene 12 pfdge Batterien.

Die Gefechtsstärke des 1. Armeekorps betrug mithin:

  1. Division   9 000 Gewehre, 18 Geschütze.
  2.   "   10 350   "   18   "
  3.   "   10 350   "   18   "
  Reserve-Artillerie   36   "

Zusammen 29 700 Gewehre, 90 Geschütze.

2. Armeekorps. General Renault.

1. Division. General de Susbielle.
1. Brigade. General de la Charrière. Linien-Regimenter Nr. 115 und 116 = 3900 Gewehre.
2. Brigade. General Lecomte. Linien-Regimenter Nr. 117 und 118 = 3900 Gewehre.

2. Division. General Berthaut.
1. Brigade. General Bocher. Linien-Regimenter Nr. 119 und 120 = 3900 Gewehre.
2. Brigade. Oberst de Miribel. Mobilgarden-Regimenter Loiret und und Seine inférieure = 5100 Gewehre.

3. Division. General de Maussion.
1. Brigade. General Courty. Linien-Regimenter Nr. 123 und 124 = 3900 Gewehre.
2. Brigade. General Avril be l'Enclos. Linien-Regimenter Nr. 125 und 126 = 3900 Gewehre.

Jede Division besaß 2 gezogene 4 pfdge } Batterien.
1 Mitrailleusen- }

Die Reserve-Artillerie zählte 5 gezogene 12 pfdge Batterien.

Die Gefechtsstärke des 2. Armeekorps betrug mithin:
1. Division 7800 Gewehre, 18 Geschütze.
2. = 9000 = 18 =
3. = 7800 = 18 =
Reserve-Artillerie 30 =

Zusammen 24 600 Gewehre, 84 Geschütze.

3. Armeekorps. General d'Exéa.

1. Division. General de Bellemare.
1. Brigade. Oberst Journés. 4. Zuaven-Regiment und Linien-Regiment Nr. 136 = 3900 Gewehre.
2. Brigade. Oberst Colonieu. Mobilgarden-Regimenter Seine et Marne und Morbihan = 5950 Gewehre.

2. Division. General Mattat.
1. Brigade. Oberst Bonnet. Linien-Regimenter Nr. 105 und 106 = 3900 Gewehre.

2. Brigade. General Daubel. Linien-Regimenter Nr. 107 und 108
= 3900 Gewehre.

Jede Division besaß 2 gezogene 4 pfdge ⎱ Batterien.
1 Mitrailleusen- ⎰

Außerdem gehörte zu dem 3. Armeekorps die Gruppe der Mobilgarden-Bataillone des Obersten Reille.

3 Bataillone Mobilgarden du Tarn.
1 Bataillon Mobilgarden Seine inférieure.

Die Reserve-Artillerie zählte 5 gezogene 12 pfdge und 1 gezogene
4 pfdge Batterien.

Die Gefechtsstärke des 3. Armeekorps betrug mithin:
1. Division 9850 Gewehre, 18 Geschütze
2. = 7800 = 18 =
Gruppe Reille 3400 =
Reserve-Artillerie 36 =

Zusammen 21 050 Gewehre, 72 Geschütze.

Die Reserve-Artillerie der Armee zählte 24 gezogene 8 pfdge und
18 gezogene 12 pfdge = 42 Geschütze.

Kavallerie-Division. General de Champéron.

1. Brigade. General de Gerbrois:
Dragoner-Regimenter Nr. 13 und 14 . . = 920 Säbel.
2. Brigade. General Cousin:
Chasseurs-Regimenter Nr. 1 und 9 . . = 1190 =
1. berittenes Gensdarmerie-Regiment . . = 640 =

Zusammen 5 Regimenter = 2750 Säbel.

Die Armee Ducrots hatte demnach folgende Stärke:
1. Armeekorps . . . 29 700 Gewehre, 90 Geschütze,
2. = . . . 24 600 = 84 =
3. = . . . 21 050 = 72 =
Reserve-Artillerie . . — = 42 =
Kavallerie-Division . . — = — = 2750 Säbel.

Zusammen 75 350 Gewehre, 288 Geschütze, 2750 Säbel.

78 Bataillone Linientruppen zählten 50 700 Gewehre,
29 = Mobilgarden = 24 650 =

107 Bataillone zählten zusammen 75 350 Gewehre.

Die Artillerie umfaßte:
                102 gezogene 4=Pfünder,
                114   =   12   =
                 24   =   8   =
                 48 Mitrailleusen
                ————————————————
                288 Geschütze.

Außerdem wurden 12 gezogene 12=Pfünder und 6 gezogene 4=Pfünder dem Kommandanten der Halbinsel von St. Maur, dem General Favé, zur Verfügung gestellt, so daß die Ausfallsarmee im Ganzen 306 Geschütze besaß.

Wie wenig zuverlässig selbst die offiziellen französischen Ordres de bataille sind, geht aus den Darlegungen des Berichterstatters der Untersuchungskommission, des Herrn Chaper, hervor. Derselbe giebt die Mobilgarden=Regimenter Jlle et Vilaine, Côte b'or, Finistère, Vendée, Loiret zu je 4 Bataillonen an, auch theilt er dem Regiment Seine inférieure noch 1 Bataillon Drôme zu, während aus den Verlustlisten und sonstigen Angaben Ducrots klar hervorgeht, daß diese Regimenter nur je 3 Bataillone zählten. Nur das Regiment Seine et Marne hatte 4 Bataillone. Infolge dessen giebt Chaper die Stärke der 2. Pariser Armee um sechs Bataillone Mobilgarden zu hoch an. Auf solche Kleinigkeiten legen die Franzosen anscheinend keinen Werth. Unserer Meinung nach ist es aber ein großer Unterschied, ob 5100 Gewehre mehr oder weniger in Thätigkeit waren.

Plan eines großen Durchbruchs in der Richtung auf Rouen.

Ein bestimmter Plan für ein Zusammenwirken der Pariser Armee mit den Heeren der Provinz bestand nicht. Erst im Laufe des Oktober faßte General Ducrot den Plan, von der Halbinsel Gennevilliers aus einen Durchbruch nach Westen zu versuchen. General Trochu billigte diesen Gedanken. Zunächst sollten 50 000 Mann mit möglichst viel Lärm durch Paris hindurchmarschiren und einen ernsten Ausfall in der Richtung auf Bondy unternehmen, um die Deutschen zu täuschen. Am folgenden Tage sollte dann die 2. Pariser Armee zwischen Bezons und der Eisenbahn nach Rouen die Seine überschreiten und die Höhen von Cormeil angreifen, während gleichzeitig das Armeekorps von St. Denis die Höhen von Argenteuil im Rücken fassen sollte. Dann wollte man auf Pontoise und weiter auf Rouen marschiren, schließlich Le Hâvre erreichen. Gleichzeitig sollte sowohl die Nord=Armee als die Loire=Armee nach der Gegend von Rouen—Amiens herangezogen werden. Letztere sollte zu diesem Zwecke die Eisenbahnen benutzen. Man hoffte, den Seine-Uebergang überraschend bewerkstelligen zu können, auch rechnete man darauf, daß gerade an dieser Stelle die Deutschen einen Durchbruch am wenigsten erwarten würden. Diese Hoffnung war nicht unbegründet, denn der großen Bogen der Seine, welcher die Halbinsel von Gennevilliers einschließt, machte großartige Offensivoperationen der Franzosen an dieser Stelle ziemlich unwahrscheinlich, da die französische Ausfallsarmee die Seine zweimal überschreiten mußte, also in ihrem Rücken stets sehr unbequeme Engwege gehabt hätte. Im Uebrigen erscheint uns der Plan der Generale Trochu und Ducrot ziemlich abenteuerlich, jedoch ist hier nicht der Ort, näher darauf einzugehen.

Sehr traurig für Frankreich war der Gegensatz, welcher sich zwischen der Pariser Regierung und der Delegation von Tours alsbald herausgebildet hatte und durch die Entsendung Gambettas nur verschärft worden war. Gambetta geberdete sich in den Provinzen einfach als Diktator und dachte gar nicht daran, dem Präsidenten der Regierung, dem General Trochu, zu gehorchen. Selbst in Paris herrschte keineswegs Einheitlichkeit. Jules Favre mischte sich in militärische Dinge und rief die Loire-Armee zur Befreiung von Paris herbei, während Trochu seinerseits den Provinzen helfen wollte. Keiner hatte besonderes Vertrauen auf die Tüchtigkeit des Anderen, es fehlte gerade in den höchsten Stellen an Gehorsam; unter solchen Umständen mußte es freilich doppelt schwer fallen, große Erfolge zu erzielen.

Nachrichten über den Sieg von Coulmiers.

Immerhin wurde der Durchbruch nach Westen in der umfassendsten Weise vorbereitet. Während man aber mit diesen Vorbereitungen beschäftigt war, traf am 14. November die erste Depesche über den Sieg von Coulmiers ein, welcher ein zweite Depesche am 18. November folgte. Sofort änderte sich in Paris die öffentliche Meinung. Unglücklicherweise war die Regierung weit davon entfernt, diese öffentliche Meinung nach ihren Wünschen zu lenken; sie war im Gegentheil völlig abhängig von derselben. Auf diese Weise wurde eine Aenderung des Durchbruchsplanes gewissermaßen erzwungen. In Paris war alle Welt davon überzeugt, daß die Loire-Armee in siegreichem Vordringen auf Paris sei. Man wähnte sie schon bei Fontainebleau. Ils viennent à nous, marchons à eux. Das war das Losungswort auf den Boulevards, in den Café's von Paris. Schon am 19. November wurde der Plan von Rouen endgültig aufgegeben. Am 20. November erfuhr dies General Ducrot, am 21. November unternahm er seine ersten Erkundungen in der neuen Richtung. Am selben Tage brachte ihn der Oberst de Miribel auf den Gedanken, die Marne-Halbinsel zwischen Bry und Champigny als Ausgangspunkt der neuen Unternehmung zu wählen. Sofort ging General Ducrot auf diesen Gedanken ein, und nun wurde mit fieberhafter Hast alles vorbereitet, um den neuen Durchbruchsversuch mit möglichst großer Thatkraft ausführen zu können.

Neuer Plan.

Der linke Flügel der Ausfallsarmee sollte sich an den Mont d'Avron anlehnen, welcher zu diesem Zweck besetzt und sehr stark befestigt werden sollte. Als Anlehnung für den rechten Flügel wurde die Halbinsel von St. Maur in Aussicht genommen. Für den Mont d'Avron und die Halbinsel von St. Maur wurden besondere Kommandos geschaffen. Beim Dorfe Nogent, auf der Halbinsel von St. Maur, bei Créteil und bei Maisons Alfort wurden zahlreiche neue Werke errichtet, die Forts von Nogent und Charenton, sowie die Redouten de la Gravelle und de la Faisanderie konnten ebenfalls sehr wirksam eingreifen. Im Ganzen waren am 29. November früh nicht weniger als 400 schwere Geschütze bereit, der Ausfallsarmee den Weg zu bahnen. General Ducrot erließ sehr ausführliche Befehle für den voraussichtlichen Verlauf der ganzen Bewegungen. Ein genauer Schlachtplan wurde aufgestellt. Um das Geheimniß möglichst lange zu wahren, wurden bei der Ausfertigung dieser Befehle alle Ortsnamen und ebenso die Benennung der verschiedenen Truppentheile ausgelassen und erst im letzten Augenblick niedergeschrieben. Bei diesem schönen, sorgfältigen Schlachtplan war nur gerade das Wichtigste nicht berücksichtigt, nämlich die Thätigkeit der deutschen Truppen. Es ist eben eine Unmöglichkeit, den Gang einer Schlacht im Voraus zu bestimmen, selbst wenn man das Schlachtfeld ganz genau und die Stellungen und Stärke des Gegners leiblich gründlich kennt, wie dies hier der Fall war. Sobald die Kanonen sprechen, richtet sich alles Weitere nach den Maßregeln des Feindes, und diese vermag auch der genialste Feldherr nicht vorauszusehen. Thatsächlich kam denn auch alles anders, als General Ducrot es erwartet hatte. Man kann nicht umhin, sich darüber zu verwundern, daß ein so erfahrener Kriegsmann, wie der General Ducrot, so laienhafte Vorstellungen über den Gang einer Schlacht hegte, obschon die Schlachten von Wörth und von Sedan ihm erst vor wenigen Monaten Gelegenheit geboten hatten, über das ewig Wechselnde im Verlaufe einer Schlacht sich klar zu werden.

Brücken über die Marne.

Das Schwierigste bei dem Durchbruchsversuche war die rechtzeitige Herstellung ausreichender Brücken über die Marne und das schnelle Entwickeln großer Truppenmassen auf dem linken Marne=Ufer. Es sollten folgende Brücken über die Marne geschlagen werden:

1. Eine Brücke an Stelle der zerstörten Brücke von Joinville.
2. Eine Brücke stromabwärts letzterer, gegenüber dem Ausgange des Kanals von St. Maur.
3. Eine Brücke unmittelbar nördlich der zerstörten Brücke von Joinville.
4. Zwei Brücken an der Insel Janac, gegenüber der Ferme de Poulangis.
5. Zwei Brücken an der Insel de Beauté und zwar auf ihrer westlichen Seite.
6. Zwei Brücken stromabwärts von Bry sur Marne.
7. Zwei Brücken stromabwärts von Neuilly.

Das waren im Ganzen 11 Brücken, eine völlig ausreichende Zahl, um die 2. Armee schnell den Uferwechsel ausführen lassen zu können. Die Brücken ad Nr. 7 sollten von den Brückenequipagen der Armee geschlagen werden, diejenigen ad Nr. 2 und 3 wurden den Ingenieuren en chef Ducros und Duverger anvertraut, die übrigen sieben Brücken der einheitlichen Leitung des Ingenieurs en chef des ponts et chaussées Krantz. Letzterer giebt in seinem Berichte über die Ereignisse vom 28. November bis 2. Dezember an, daß er genügendes Material gehabt habe, um 666 m Brückenlänge herzustellen, während nur 585 m nothwendig gewesen seien. Dieses Material wurde auf der Seine und Marne durch Dampfer nach dem Kanal von St. Maur remorquirt, sollte diesen passiren und dann ebenso durch Dampfer auf dem westlichen Arme der Marne an die Insel Janac durch die zerstörte Brücke stromaufwärts geleitet werden. Vorübungen waren gemacht worden; die Pontonniere vermochten eine Brücke über die Seine bei Tage in einer Stunde, bei Nacht in 1½ Stunden herzustellen. Außerdem waren 20 Flußfahrzeuge vorhanden, um die vordersten Kompagnien der Avant=

garde auf das linke Marne-Ufer herüberzuwerfen. Sehr hinderlich waren die großen Verhaue, welche am Ufer der Marne die Straßen versperrten und nun erst aufgeräumt werden mußten. Das Brückenmaterial für die sieben Brücken von Joinville und der Insel de Beauté war auf sechs Trains vertheilt, welche von je einem Dampfer remorquirt werden sollten. Als man vor der Einschließung von Paris die Brücke von Joinville zerstört hatte, waren die Trümmer natürlich in den Fluß gefallen; herangeschwemmte Bäume, Trümmer verschiedener Art waren hinzugekommen und hatten mit der Zeit eine förmliche Stromsperre hergestellt, so daß die Strömung in dem einzig freien rechten Arme der durch die Insel Fanac getheilten Marne besonders stark geworden war. Unglücklicherweise hatte man die nothwendigen Arbeiten zur Aufräumung des Flußbettes nicht vorgenommen. Dies sollte man bitter bereuen.

Unternehmungen zur Unterstützung des großen Ausfalls.

Der große Ausfall war für den 29. November geplant und zwar in folgender Weise:

1. In der Nacht zum 29. November sollte der Contreadmiral Saisset sich auf der Hochfläche des Mont d'Avron festsetzen und dieselbe sofort gründlich befestigen. Er hatte zu seiner Verfügung die Division D'Hugues der 3. Armee, bestehend aus dem Linien-Regiment Nr. 137, dem Jäger-Bataillon Nr. 21, 5 Mobilgarden-Bataillonen, 1 Kriegs-Bataillon der mobilisirten Nationalgarde und 3 Batterien. Das zu dieser Division gehörige Mobilgarden-Bataillon Finistère ist nicht mit aufgeführt, war also vielleicht anderweitig verwendet. Ferner gebot der Contreadmiral Saisset über 3000 Mann Marinesoldaten, 3000 Mann mobilisirter Nationalgarden und eine starke Artillerie, welche nach Ducrot aus 46 Geschützen bezw. Mitrailleusen zusammengesetzt war. Außerdem sollte die Division Bellemare des 3. Armeekorps die Stellungen zwischen Rosny und der Redoute von Fontenay besetzen.
2. General Vinoy sollte durch einen energischen Angriff auf die Dörfer l'Hay und Choisy le Roi das 6. preußische Armeekorps fesseln und verhindern, daß von diesem Korps Verstärkungen auf das rechte Seine-Ufer entsendet würden.
3. Auf der Halbinsel von Gennevilliers sollte eine Demonstration unternommen werden, welche zum Zwecke hatte, die Deutschen

an die Absicht der Franzosen, die Seine bei Bezons zu überschreiten, glauben zu machen.

4. Vom Mont Valérien aus hatten Scheinangriffe gegen das 5. preußische Armeekorps zu erfolgen.

5. Das Armeekorps von St. Denis sollte das Dorf Epinay wegnehmen und durch eine gleichzeitig weiter östlich, vorwärts des Forts von Aubervilliers, auszuführende Demonstration die Truppen des 4. und des Garde-Korps an Ort und Stelle festhalten.

Versammlung der Ausfallsarmee.

Die Truppenbewegungen begannen am 27. November, am 28. Abends waren sie beendet. Die ganze 2. Pariser Armee war an diesem Abend zwischen dem Fort de Rosny und der Ortschaft Charenton versammelt, ihre Hauptmasse lagerte im Bois de Vincennes.

Es muß anerkannt werden, daß die Versammlung von mehr als 80 000 Streitbaren mit über 300 Geschützen, welche vorher auf dem ganzen Umkreise von Paris vertheilt waren, auf einem ziemlich engen Raume und binnen 48 Stunden eine ganz bedeutende Leistung war, besonders da die Versammlung ohne erhebliche Störungen vor sich ging. Man darf hierbei nicht vergessen, daß die Barrikadenwuth der Pariser an den Thoren und an den Straßen überall sehr bedeutende Hindernisse geschaffen hatte, welche jetzt den eigenen Truppen höchst unbequem wurden. Trotz dieser sehr störenden, unzähligen Engwege war die ganze II. Armee mit allen Trains am Abend des 28. November bereit, am folgenden Tage die Schlacht zu beginnen; auch das Material für die zu schlagenden 11 Brücken befand sich zur Stelle.

Die Truppen hatten weder Zelte noch Decken mitgenommen, der Infanterist führte 108, der Kavallerist 36 Patronen bei sich; am 26. November waren für sieben Tage Lebensmittel ausgegeben worden. Für jeden Offizier trug ein Mann, welchem zu diesem Zwecke Gewehr und Munition weggenommen wurden, diese Lebensmittel im Tornister. Durch diese Maßregel schwächte man die Zahl der wirklichen Kämpfer der Infanterie sehr erheblich, nämlich um mehr als 2000 Gewehre. Für die Aufklärung wurde ein besonderes corps d'éclaireurs à cheval bestimmt, welches unter dem Kommando des Majors Faverot de Kerbrech stand, eines Ordonnanzoffiziers des Generals Ducrot, und aus je einer Schwadron Dragoner Nr. 14 und des berittenen Gensdarmen-Regiments bestand.

Kriegsrath am 28. November.

Am 28. November Abends hielt General Ducrot im Dorfe Nogent einen großen Kriegsrath ab, alle Generale und die Chefs der Stäbe waren versammelt. General Ducrot sprach noch einmal den ganzen supponirten Verlauf der Schlacht durch und gab seine letzten Anweisungen aus. — Das 3. Armeekorps sollte mit der Division Bellemare zunächst die Truppen des Contreadmirals Saisset bei der Besitzergreifung des Mont d'Avron unterstützen, während die Division Mattat und die Gruppe Reille auf den Brücken von Nogent die Marne überschreiten und das Dorf Bry wegnehmen sollten. Dann hatten die genannten Truppen zwischen Villiers und Noisy le Grand Stellung zu nehmen und das Eingreifen der Division Bellemare abzuwarten, welche Neuilly sur Marne nehmen und die Marne stromabwärts dieses Ortes überschreiten sollte.

Das 2. Armeekorps hatte den Befehl, die Marne auf den Brücken der Insel Fanac zu überschreiten, die vordersten Stellungen der Deutschen zwischen der Eisenbahn nach Mülhausen und Champigny zu nehmen und dann sich folgendermaßen aufzustellen: Die Division Susbielle bei den Kalköfen von Champigny; die Division Maussion bei der Eisenbahn nach Mülhausen, Front gegen Coeuilly; die Division Berthaut nördlich dieser Eisenbahn, Front gegen Villiers. Das 1. Armeekorps sollte in Reserve verbleiben, die Division Maud'huy dieses Armeekorps wurde dem General Vinoy für den Angriff auf L'Hay zur Verfügung gestellt. Die Ausfallsarmee erlitt dadurch eine Verminderung um 15 Bataillone und 3 Batterien = 10 350 Gewehre und 18 Geschütze.

General Ducrot schärfte seinen Unterbefehlshabern noch besonders ein, im Anfange der Schlacht ihre Truppen gut in der Hand zu behalten, nur wenige auserlesene Schützen zu entwickeln und den Angriff zu brüskiren, um die erste Ueberraschung gründlich ausnutzen zu können. Man fürchtete nämlich, daß wenn man große Massen von Schützen gleich anfangs entwickeln würde, diese letzteren sich sofort nach besten Kräften decken und eine bedeutende Menge von Munition verschießen würden, wodurch die Deutschen Zeit gewinnen mußten, um Verstärkungen heranzuziehen. Der Artillerie wurde eine besonders große Rolle zugedacht. In der Nacht zum 29. November sollte der Brückenschlag stattfinden, am 29. November früh hatten die Angriffsbewegungen zu beginnen.

Die Regierung und der Gouverneur erließen zündende Proklamationen, General Ducrot einen echt französischen Tagesbefehl an die 2. Armee, in welchem er schwor, nur todt oder siegreich nach Paris zurückkehren zu wollen.

Beschreibung des Schlachtfeldes.

Das Schlachtfeld von Bry—Champigny wird von der Marne begrenzt. Dieser Strom hat auf der in Betracht kommenden Stelle eine durchschnittliche Breite von etwa 80 m, eine Tiefe von 4 bis 5 m, sein Lauf ist träge und langsam. Ufer und Thalsohle waren trocken und fest und erleichterten daher einen Brückenschlag. Auf dem rechten Marne-Ufer steigen die Thalhänge meist allmälig aus der mitunter 1000 m breiten Thalsohle zu den steilen Bergvorsprüngen an, auf welchen die Forts Nogent und Rosny sich erheben. Zahlreiche Straßen und Wege erleichtern die Bewegungen von Truppen, deren Versammlung nahe am Ufer noch dadurch begünstigt wird, daß sich die Ortschaften, Parks und Landhäuser bis dicht an den Fluß erstrecken. Südlich von Montreuil befindet sich die weite, damals großentheils mit Wald bedeckte Ebene von Vincennes. Hier begünstigen die Festungswerke von Nogent, Faisanderie und Gravelle die Versammlung von Truppen unmittelbar am Marne-Ufer. Südlich von Nogent sur Marne bildet die Marne die beiden Halbinseln von Joinville und St. Maur. Letztere befand sich ganz in den Händen der Franzosen und ermöglichte eine Flankirung der Halbinsel von Joinville; von den Werken bei Champignolle konnte das Dorf Champigny sogar zum Theil im Rücken beschossen werden. Der Mont d'Avron beherrschte seinerseits die ganze Hochfläche, welche die Halbinsel von Joinville nach Osten abschließt. Ein Blick auf den Schlachtplan zeigt deutlich, daß die ganze Halbinsel von Joinville von den Franzosen vollkommen beherrscht wurde. Ihr Feuer bestrich dieselbe in der Front und von beiden Flanken, theilweise im Rücken. Günstiger konnten also die Verhältnisse für die Franzosen kaum liegen, um ihnen das Ueberschreiten der Marne soviel als möglich zu erleichtern. Damit aber hörte auch die Gunst des Geländes für die Franzosen auf. Sobald sie selbst sich auf der Halbinsel von Joinville befanden, änderte sich das Bild sehr erheblich zu ihrem Nachtheile.

Nach Osten hin wird die Halbinsel von Joinville von dem Höhenrande des linken Marne-Ufers abgeschlossen, welcher von Noisy le Grand

über Villiers, Coeuilly sich nach Chennevières hinzieht. Um die Höhen=
unterschiede zu kennzeichnen, wollen wir folgende Angaben machen:
Die Höhe südöstlich von Noisy le Grand liegt auf 104 m,
die Höhe nördlich des Parkes von Villiers liegt auf 109 m,
die Höhe unmittelbar nordwestlich des Parkes von Villiers liegt
auf 100 m,
die Höhe zwischen der Eisenbahn nach Mülhausen und dem Parke
von Coeuilly liegt auf 106 m,
die Höhe des Jägerhofes und diejenige von Belair liegen auf
96 m,
die Höhe von Chennevières liegt auf 109 m,
die östlichsten Gehöfte von Champigny liegen auf 83 m,
das Thal der Marne liegt bei Neuilly auf 38 m, bei Bry auf
33 m, bei Joinville auf 32 m.

Der Höhenzug Noisy le Grand—Chennevières tritt bei Noisy
ganz dicht an die Marne heran, ebenso bei Bry und bei Chennevières.
Auf der eigentlichen Halbinsel von Joinville zeigen die Abfälle des
Höhenzuges nach der Marne hin sanftere Böschungen, sie sind aber hier,
wie auf der ganzen Strecke von Noisy bis Chennevières, fast überall
mit Weinbergen bedeckt. Nur auf der kurzen Strecke von der Eisen=
bahn nach Mülhausen bis etwa 750 m südlich derselben befanden sich
keine Weinpflanzungen, dagegen lagen hier die Kalköfen von Champigny
und das Gehölz von La Lande.

Folgende große Straßen durchqueren den Höhenzug von Noisy—
Chennevières:
1. Die Straße Bry—Noisy le Grand,
2. =   =   Joinville—Villiers,
3. =   =   Joinville—Champigny—Jägerhof.

Außerdem die Eisenbahn nach Mülhausen, der Weg Bry—Villiers,
der Weg von dem großen Kalkofen nach Villiers und ein Weg von
Champigny nach Coeuilly bezw. ein solcher von Champigny nach Villiers.

Die Niederung des Baches von La Lande bildete ferner einen
natürlichen Aufgang zu der Hochfläche. Der Eisenbahndamm ist 10 bis
12 m hoch und bildet ein erhebliches Hinderniß für Truppenbewegungen.
Dieser Eisenbahndamm spielte während der Schlachten vom 30. No=
vember und vom 2. Dezember eine große Rolle, wir wollen daher die
Wege, welche denselben durchschnitten, etwas genauer betrachten. Es
kommen hier die folgenden in Betracht:

1. Die Straße Joinville—Bry, sie durchschneidet die Eisenbahn vermittelst eines Tunnels, über welchen die Bahn hinweggeht.

2. Der Weg vom kleinen Kalkofen nach der Straße Joinville—Bry, er durchschneidet die Bahn in derselben Weise.

3. Der Weg vom kleinen Kalkofen über den großen Kalkofen nach der Straße Joinville—Bry, er führt bei einem Bahnwärterhäuschen auf gleicher Höhe mit der Bahnstrecke über dieselbe.

4. Der Weg Chenneviéres—Bry, er überschreitet die Bahn auf einer Brücke, unter welcher die Bahn hindurchführt. Auf beiden Seiten führen Dämme zu der Brücke hinauf, so daß hier Deckungen für Truppen vorhanden sind.

5. und 6. Die Wege vom großen Kalkofen bezw. vom Jägerhofe nach Villiers durchschneiden die Bahn vermittelst je eines Tunnels, über welchen die Bahn hinwegführt.

Die Vertheidigungsstellung der Deutschen befand sich naturgemäß auf dem Höhenzuge Noisy—Villiers—Coeuilly—Chenneviéres. Da die Höhe von Belair zu sehr unter dem Feuer der Halbinsel von St. Maur lag, so war hier die Stellung der Deutschen bis zum Jägerhofe zurückgenommen worden. Dem Angreifer fehlte es überall an Entwickelungsraum für seine Truppen, die Artillerie des Angreifers mußte gegenüber dem Parke von Villiers bis auf 400 m heranfahren, wenn sie wirken wollte, bann aber stand sie im schärfsten Gewehrfeuer der Vertheidiger des Parkes.

Nicht viel besser lagen die Verhältnisse gegenüber dem Parke von Coeuilly, hier mußte die Artillerie des Angreifers auf 600 m heranfahren, um eine genügende Wirkung erzielen zu können. Etwas günstiger waren die Artilleriestellungen des Angreifers zu beiden Seiten der Eisenbahn nach Mülhausen. Die ganze Front von den Brücken bei Neuilly bis zur Marne bei Champigny hatte eine Ausdehnung von nicht ganz 5000 m. Die eigentliche Angriffsfront von Bry bis Champigny betrug jedoch nur etwa 3500 m. Daraus ergab sich für die Franzosen die Nothwendigkeit, ihre Truppenmassen in großer Tiefe aufzustellen, wodurch natürlich die Verluste bedeutend erhöht werden mußten.

Künstliche Geländeverstärkungen der Deutschen.

Folgende künstliche Verstärkungen des Geländes waren bis zum 30. November von den Deutschen ausgeführt worden:

Die Parks von Noisy, Villiers und Coeuilly, deren Mauern etwa 2 m hoch und 60 cm dick waren, hatte man auf ihrer Westseite zum

Feuern über Bank mit Auftritten und Schulterwehren versehen. Der alte und der neue Kirchhof nördlich von Billiers waren zur Vertheidigung eingerichtet worden. Beide Kirchhöfe hatte man durch einen Schützengraben verbunden. Die 400 m lange Westseite des Parkes von Billiers besaß in der Mitte eine Art von Hornwerk, welches nach beiden Seiten flankirend wirken konnte.

Südlich dieses Parkes befand sich ein Geschützstand für 6 Geschütze und vor demselben ein Schützengraben für eine Kompagnie. Ein kleiner Steinbruch an der Eisenbahn war zur Vertheidigung eingerichtet worden. Ein Geschützstand für 6 Geschütze lag nördlich von Billiers rechts von dem neuen Kirchhofe.

Nördlich des Parkes von Coeuilly befand sich wiederum eine Batteriedeckung für 6 Geschütze, etwas nördlich derselben lag ein Schützengraben zur Sicherung dieser Batterie.

Am Schnittpunkte der Straßen Chennevières—Billiers und Champigny—La Queue war der Jägerhof zur Vertheidigung eingerichtet worden. Derselbe bestand aus zwei Häusern und war mit einer Mauer von derselben Höhe und Dicke wie die genannten Parkmauern umgeben. An die nordwestliche Ecke dieser Umfassungsmauer schloß sich quer über die alte und neue Straße nach Champigny ein Schützengraben für eine Kompagnie an.

Beim Jägerhause*) befand sich noch ein Geschützstand für vier Geschütze zur Bestreichung der nach Champigny führenden Straßen. Alle diese Geschützstände deckten jedoch nur gegen Gewehr- und Mitrailleusenfeuer, keineswegs gegen Granaten.

Im Uebrigen waren nur kleinere Arbeiten zum Schutze der Vorposten in Le Plant und Champigny ausgeführt worden, welche jedoch in der Schlacht selbst, wie wir sehen werden, kaum zur Geltung kamen, daher hier nicht weiter beschrieben zu werden brauchen.

---

*) Das Jägerhaus ist auf dem Plane mit Belair bezeichnet.

II. Der 29. November.

Die Brücken über die Marne können nicht geschlagen werden. Der große Ausfall wird um 24 Stunden verschoben.

Am 28. November 11 Uhr Abends gab der Ingenieur en chef Krantz den Befehl, die Brückentrains aus dem Kanal von St. Maur nach der Marne remorquiren zu lassen. Der unterirdische Theil des Kanals wurde glücklich passirt, die Marne erreicht und nun auf den rechten Arm dieses Stromes bei der Insel Janac losgedampft. Allein der vorderste größte Dampfer vermochte nicht, die Strömung bei der gesprengten Brücke zu überwinden. Es war ein Steigen des Wassers eingetreten und die infolge der Stromversperrung ohnehin bedeutende Strömung setzte den Dampfern ein zunächst unüberwindliches Hinderniß entgegen. Bei einem zweiten Versuche kenterten drei Pontons mit ihrer Besatzung. Nun öffnete man die Ventile der Dampfer bis zur äußersten zulässigen Grenze. Der vorderste Dampfer kam jetzt glücklich über die Stromsperre, aber es war schon zu spät geworden, man durfte nicht mehr hoffen, die Brücken noch vor Tagesanbruch schlagen zu können. Infolge dessen erstattete der Ingenieur en chef Krantz Meldung über den unliebsamen Zwischenfall und eilte selbst nach dem Fort Nogent zum General Ducrot. Letzterer ritt sofort zum General Trochu nach dem Fort Rosny. Hier entstand große Bestürzung. Man überlegte, ob der Durchbruchsversuch nicht gegen Chelles, Montfermeil und den Park von Raincy ausgeführt werden sollte. Schließlich entschied man sich dafür, daß der große Ausfall um 24 Stunden verschoben, die Demonstrationen dagegen vorgenommen werden sollten. Später änderte General Trochu seine Ansicht, sandte gegen 8 Uhr früh den betreffenden Befehlshabern Nachricht über die Verzögerung des Durchbruchsversuchs und überließ Jedem, was er thun wollte. Dies war der unglücklichste Ausweg, auf den General Trochu verfallen konnte.

Besitzergreifung des Mont d'Avron durch die Franzosen.

Da der Contreadmiral Saisset sich davon überzeugt hatte, daß die Hochfläche des Avron von den Deutschen nicht besetzt war, beschloß er mit der Besitzergreifung derselben nicht erst bis zum Morgen des 29. November zu warten, sondern dieselbe schon nach Einbruch der Nacht vorzunehmen. Dies geschah, ohne daß dabei ein Schuß abgegeben worden wäre. Auf dem Südostvorsprunge des Mont d'Avron wurden 18 gezogene 12-Pfünder, 8 gezogene 24-Pfünder, 2 gezogene 16 cm Geschütze, 6 gezogene 7-Pfünder und 6 Mitrailleusen in Batterie gebracht, also 40 Geschütze; auf dem Nordostvorsprunge 1 Batterie der Marine und 2 Batterien der mobilisirten Nationalgarde. Bei Tagesanbruch erfuhr Contreadmiral Saisset, daß der Durchbruchsversuch auf den 30. November verschoben worden sei, und der ganze 29. November wurde nunmehr dazu verwendet, die zuerst vorgenommenen Erdarbeiten zu vervollständigen und das Artilleriefeuer auf die Stellungen der Sachsen zu eröffnen.

Ausfall gegen L'Hay.

Auf dem linken Seine-Ufer hatte General Vinoy bereits in den Nächten zum 27. und 28. November die Stellungen des 6. preußischen Armeekorps durch alle Forts und Batterien beschießen lassen. In der Nacht zum 29. November erneuerte sich diese Beschießung um 1 Uhr früh und um 4 Uhr früh. Jedes in Thätigkeit tretende Geschütz verfeuerte das erste Mal 65, das zweite Mal 75 Schuß. General Vinoy berechnet selbst in seinem Werke Siège de Paris die Zahl der schweren Geschütze vor der Front des 6. Armeekorps zu 65 Stück. Dazu traten etwa 63 schwere, gezogene Geschütze der Forts von Jvry und Bicêtre, ganz abgesehen von dem Fort Montrouge. Dies ergiebt 128 schwere Geschütze. Nehmen wir nun auch an, daß nur 80 derselben wirklich auf das 6. Armeekorps gefeuert haben, so ergiebt dies allein für die Nacht zum 29. November nicht weniger als 11 200 schwere Granaten, welche auf die Stellungen des 6. Armeekorps abgefeuert wurden. Dasselbe wurde also mit einem wahren Höllenfeuer überschüttet. Es war denn auch in der That ein vollkommenes Schnellfeuer mit schweren Granaten; ein ununterbrochener Donner der schwersten Geschütze begleitete das Heulen und Sausen der Riesengeschosse. Jeder Deutsche, der im November und Dezember auf der Süd- bezw. Ostseite von Paris die Einschließung mitgemacht hat, wird sich des wahrhaft betäubenden Kanonendonners erinnern, welcher die letzten Tage des November und die ersten des Dezember 1870 fast ununterbrochen andauerte und zuweilen eine Höhe erreichte, wie sie wohl Niemand weder vorher noch nachher jemals wieder erlebt hat. Daß unter diesen Umständen die deutschen Vorposten ganz besonders wachsam waren, wird man erklärlich finden. Dafür, daß an Schlafen gar nicht zu denken war, sorgten die Franzosen in mehr als ausreichender Weise.

General Binoy hatte die Division Maub'huy des 1. Armeekorps zu seiner Verfügung. Er traf für den Angriff folgende Anordnungen. Das 110. Linien-Regiment sollte in sechs Kolonnen das Dorf L'Hay angreifen. In Reserve befanden sich dahinter das 2. Bataillon Mobilgarden-Regiments Finistère und II./112 in dem großen Laufgraben des Generals Tripier. Rechts bei Maison blanche standen III./112 und das 4. Bataillon Finistère, links hinter der Ferme de la Saussaye I./109. Der Rest der Division Maub'huy befand sich in den Werken von Hautes Bruyères, Billejuif und Moulin Saquet.

Es erscheint wunderbar, daß General Binoy zur Besetzung jener Werke nicht Truppen seiner eigenen 3. Armee verwendet und dadurch die ganze Division Maub'huy zum Angriff verfügbar gemacht hat. Wollte man das 6. preußische Armeekorps ernstlich festhalten, dann mußte man es mit starken Kräften angreifen.

Deutscherseits standen F./62 und F./63 in L'Hay, zwei andere Bataillone in Chevilly, zwei Bataillone bei Orly; der Rest des 6. Armeekorps, soweit er nicht in Thiais und Choisy le Roi stand, versammelte sich bei Fresnes und bei Rungis. Schon frühmorgens war alles in die Gefechtsstellungen eingerückt. Bald nach 6 Uhr früh griff das französische 110. Linien-Regiment an. Unter dem Schutze der Dunkelheit und der vorliegenden Weingärten drangen die Franzosen an mehreren Stellen in L'Hay und in die Bièvre-Mühle ein. Es gelang zwar den Preußen, den Feind im heftigen Nahkampfe wieder aus dem Dorfe herauszuwerfen und hierbei viele Gefangene zu machen, jedoch blieben einige Häuser an der Nordwestecke von L'Hay und die genannte Mühle im Besitze der Franzosen. Um $7^{1}/_{2}$ Uhr früh ging die zweite Linie der Franzosen vor, II./112, II. und IV./Finistère. Sobald diese frischen Truppen in der Feuerlinie ankamen, stürzte sich alles nochmals auf das von den Preußen besetzte Dorf. Inzwischen hatten aber die Preußen durch das nach La Rue (dicht hinter L'Hay) gerückte Bataillon I./62 Verstärkung erhalten.

Die Truppen des rechten Flügels des 2. bayerischen Armeekorps, welche im Thale der Bièvre die Verbindung mit dem 6. Armeekorps unterhielten, griffen in das Gefecht ein, so z. B. das im Bièvre-Grunde befindliche Piket des 9. bayerischen Regiments und Theile der Besatzung von Bourg-la-Reine. Auch begannen eine gezogene 12 Pfdge und zwei gezogene 6 Pfdge Batterien der Bayern ihr Feuer und lenkten dadurch das Artilleriefeuer der Franzosen zum Theil von den in L'Hay kämpfenden Preußen ab. Dieser Geschützkampf dauerte etwa $1^{1}/_{2}$ Stunden, und verbrauchten die Bayern dabei 118 gezogene 6pfdge, 91 gezogene 12pfdge Granaten und 6 gezogene 6pfdge Schrapnels.

Dieses wirksame Eingreifen des 2. bayerischen Armeekorps erleichterte den Preußen sehr bedeutend das Zurückweisen des zweiten französischen Angriffs. Auch die Artillerie des 6. Armeekorps griff in den Kampf ein, und die Gefechtslage gestaltete sich bald so günstig, daß es den Preußen gelang, ihre anfangs verlorenen Gefechtsstellungen wieder zu erobern.

Unterdessen hatte General Vinoy die Depesche des Generals Trochu empfangen (8 Uhr 35 Minuten früh), welche ihm mittheilte, daß der große Ausfall um 24 Stunden verschoben worden sei. Da ein weiterer Kampf unter solchen Umständen zwecklos war, ertheilte General Vinoy den Befehl zum Rückzuge. Dieser Rückzug fiel mit dem Nachdrängen der siegreichen Preußen zusammen und kostete den Franzosen noch schwere Opfer, wobei auch das Flankenfeuer der Bayern wieder sehr wirksam wurde.

Die 12. preußische Division verlor 8 Offiziere, 113 Mann todt, verwundet und vermißt, die Bayern verloren 12 Mann, zusammen also 8 Offiziere, 125 Mann.

Ducrot giebt den Verlust der Franzosen an auf:
25 Offiziere, 876 Mann todt und verwundet,
4   =   85   =   vermißt.

Da aber das 6. Armeekorps allein 8 Offiziere, 323 Mann Franzosen zu Gefangenen machte, so dürften die Angaben Ducrots ungenau sein und der wahre Verlust der Franzosen sich auf:
25 Offiziere, 900 Mann todt und verwundet,
4   =   300   =   gefangen

beziffern.

Am eigentlichen Kampfe waren nur vier Bataillone Linien-Infanterie und zwei Bataillone Mobilgarden betheiligt = 4300 Gewehre; ein Verlust von 1200 Mann bedeutet also eine Einbuße von 27,9 pCt. der Gefechtsstärke. Der Verlust der Franzosen an Todten und Verwundeten war um das 7,2fache größer, als derjenige der Preußen und erinnert lebhaft an die Gefechte von Frohnhofen und von Tauberbischofsheim im Jahre 1866.

Der Angriff auf Choisy le Roi.

Um 6½ Uhr früh griffen zwei Kompagnien französischer Marine-Füsiliere, welchen zwei Kompagnien mobilisirter Nationalgarden als

Soutien folgten, die preußische Feldwache im Gehöft Gare aux boeufs bei Choisy le Roi an. 30 Geniesoldaten begleiteten die Angriffskolonne, welcher ein gewaltiges Feuer schwerer Geschütze wirksam vorgearbeitet hatte. Ein paar Kanonenboote unterstützten den Angriff der Franzosen. Die ungeheuere Uebermacht derselben verdrängte ohne besondere Mühe die eine einzige preußische Feldwache, welche dabei 13 Todte und Verwundete und 5 Gefangene verlor, während die Franzosen angeblich nur 8 Mann einbüßten. Auf Befehl des Generals Vinoy räumten jedoch die Franzosen den genommenen Posten, ohne daß es hier zu einem weiteren Kampfe gekommen wäre.

Demonstrationen gegen das 5. preußische Armeekorps.

Gegen das 5. Armeekorps entwickelten sich am 29. November früh etwa um 8 Uhr ungefähr 9 französische Bataillone, von welchen sich 3 Bataillone gegen die 10. Division wandten, ohne aber ernsthaft anzugreifen. Bei Malmaison wurden die Franzosen von Theilen des 37. preußischen Regiments auf 300 Schritt mit Gewehrfeuer empfangen; sie gingen dann nicht weiter vor, sondern traten gegen Mittag den Rückzug nach dem Mont Valérien an.

Etwas lebhafter gestaltete sich das Gefecht bei der 9. Division. Hier waren drei französische Bataillone so schnell gegen die Garcher Höhen vorgebrochen, daß sie den daselbst stehenden Jägerposten vertreiben konnten. Bald erschien jedoch die 4. Kompagnie Jäger-Bataillons Nr. 5 und warf, unterstützt von einigen Feldwachen der Infanterie, die Franzosen wieder von den Höhen herunter. Die 2. Jäger-Kompagnie hielt in St. Cloud durch ihr Feuer ein französisches Linien-Bataillon, welches im Thale der Seine verrückte, von weiterem Vordringen ab. Auch die 3. Jäger-Kompagnie betheiligte sich am Feuergefecht. Gegen Mittag traten die Franzosen auch hier den Rückzug an.

Der Verlust des 5. Armeekorps belief sich auf 19 Mann todt und verwundet, derjenige der Franzosen wurde auf einige Offiziere und etwa 50 Todte und Verwundete geschätzt.

Sonstige Unternehmungen der Franzosen.

Auf der Halbinsel von Gennevilliers wurde in der Nacht zum 29. November eine Brücke nach der Insel Marante geschlagen und dort ein Schützengraben ausgehoben. Irgend welche ernstere Unternehmung fand jedoch nicht statt.

Die gegen Epinay geplante Unternehmung des Armeekorps von St. Denis sollte erst am Nachmittage beginnen, wurde jedoch überhaupt nicht ausgeführt, da der Admiral La Roncière le Noury inzwischen das Verschieben des großen Ausfalls auf den folgenden Tag erfahren hatte.

Ergebnisse der Demonstrationen der Franzosen am 29. November.

Die halben Maßregeln des Generals Trochu rächten sich bitter. Er mußte unbedingt für den 29. November jede Demonstration verbieten. Thatsächlich ließ sich das große Hauptquartier der Deutschen durch die französischen Scheinangriffe nicht im Mindesten täuschen. Die Franzosen verknallten ungeheuer viel Munition nutzlos, sie opferten etwa 1300 Mann, ohne auch nur den leisesten dauernden Erfolg erreichen zu können. Dagegen hatte man die Aufmerksamkeit der Deutschen auf das Lebhafteste erregt und sie gewissermaßen vor der Gefahr gewarnt, welche ihnen drohte.

Das einzige praktische Ergebniß war die Besitzergreifung des Mont d'Avron. Dieselbe war freilich ohne einen Mann zu verlieren und ohne einen Schuß abzugeben gelungen, allein sie ließ keinen Zweifel darüber, nach welcher Richtung den Deutschen ein ernster Ausfall drohte.

Man hat namentlich in der ersten Zeit nach dem Kriege von 1870/71 in Frankreich vielfach von den vorzüglichen Spionen gesprochen, welche die Deutschen vor Paris gehabt haben sollen. Wir glauben, daß dies eine Täuschung ist; die Franzosen sorgten selbst dafür, daß fast vor jeder ernsten Unternehmung die Deutschen rechtzeitig gewarnt wurden. Das Höllenfeuer aus vielen Hunderten schwerer Geschütze, welches dem 29. November voranging, mußte doch wohl irgend welche Bedeutung haben. Wir haben weiter oben berechnet, daß allein dem 6. Armeekorps in der Nacht zum 29. November 11 200 schwere Granaten in seine Stellungen hineingeschleudert wurden. Aehnlich, wenn auch nicht ganz so schlimm, erging es aber allen deutschen Truppen rings um Paris. Die Ziffer von 20 000 bis 30 000 schweren Granaten, mit welchen binnen 24 Stunden die deutschen Stellungen heimgesucht wurden, dürfte daher eher zu niedrig als zu hoch gegriffen sein. Kann man sich ein wirksameres Mittel denken, den ganzen ungeheueren Einschließungsring der Deutschen recht wachsam zu erhalten, als daß man binnen 24 Stunden 20 000 bis 30 000 schwere Festungsgranaten nach demselben verfeuert?

Stellungen der Deutschen zwischen der Marne und Seine am
29. November früh.

Auf dem linken Marne-Ufer befand sich die 48. sächsische Brigade wie folgt vertheilt:

Regiment Nr. 106: 2 Bataillone in Noisy le Grand,
1 Bataillon in Gournay,

Regiment Nr. 107: 2½ Bataillone in Champs,
½ Bataillon in Noisiel.

Außerdem 2 Schwadronen 2. Reiter, 1 schwere und 1 leichte Batterie und 1 Zug Pioniere.

In der Stellung Villiers—Coeuilly—Champigny befand sich die 1. württembergische Brigade mit 5 Bataillonen, 4 Schwadronen, 2 leichten, 1 schweren Batterie. Der Rest der württembergischen Division hielt den Raum zwischen Champigny und der Seine bis zum Anschluß an das 6. Armeekorps besetzt mit 10 Bataillonen, 8 Schwadronen, 4 leichten und 2 schweren Batterien.

Bereits am 26. November hatte Seine Königliche Hoheit der Kronprinz von Preußen befohlen, daß die 7. Infanterie-Brigade des 2. preußischen Armeekorps auf das rechte Seine-Ufer übergehen solle, um der württembergischen Division als Reserve zu dienen. Die Brigade zählte 5 Bataillone und 1 leichte Batterie, 1 Bataillon Regiments Nr. 9 befand sich auf einem Gefangenentransport.

Die Gefechtsstärke der betreffenden Truppentheile betrug laut Standesnachweis vom 21. November 1870 annähernd:

1. württembergische Brigade . . 4 400 Gewehre, 18 Geschütze,
48. sächsische Brigade . . . . 4 050 "   12 "
7. preußische Brigade . . . . 3 750 "   6 "
2. und 3. württembergische Brigade 8 800 "   36 "

Zusammen 21 000 Gewehre, 72 Geschütze.

Davon standen auf der Front Noisy le Grand—Chennevières 8450 Gewehre, 30 Geschütze.

Schließlich muß man noch 12 württembergische Schwadronen mit 1530 Säbeln und 2 sächsische Schwadronen mit 250 Säbeln hinzurechnen, von denen sich 760 Säbel auf der Front Noisy le Grand—Chennevières befanden.

Brücken über die Marne und die Seine, welche die Deutschen zur Verfügung hatten.

Folgende Brücken über die Marne bezw. die Seine konnten am 29. November von den Deutschen benutzt werden.

A. Marnebrücken.

1. eine Pfahljochbrücke bei Gournay von 80 m Länge,
2. eine Schiffbrücke bei Pomponne von 67,50 m Länge,
2. eine Bock- und Ponton-Brücke zwischen Gournay und Noisiel von 98,30 m Länge.

Die Pfahljochbrücke bei Gournay wurde am 30. November von den Franzosen derartig unter Feuer genommen, daß sie für geschlossene Truppenkörper unpassirbar blieb.

B. Seinebrücken.

1. Die wiederhergestellte massive Brücke von Corbeil,
2. und 3. zwei Bockbrücken bei Corbeil von 116 bezw. 107 m Länge,
4. eine Pontonbrücke bei Juvisy von 141 m Länge,
5. eine Pontonbrücke bei Villeneuve St. Georges für schweres Belagerungsgeschütz von 136 m Länge,
6. eine Pfahljochbrücke bei Villeneuve St. Georges von 155 m Länge,
7. Eine Uebersetzfähre unterhalb von Villeneuve St. Georges.
8. Eine Uebersetzfähre oberhalb von Choisy le Roi.

Außerdem konnte noch eine Pontonbrücke bei Corbeil benutzt werden, welche jedoch schon am 1. Dezember wieder abgebrochen wurde.

Maßregeln der Deutschen für den 30. November.

Auf deutscher Seite hatte das Auftreten großer französischer Truppenmassen auf und bei der Hochfläche des Avron am 29. November die Veranlassung gegeben, beide sächsische Divisionen während des ganzen Tages in ihren Bereitschaftsstellungen gefechtsbereit stehen bleiben zu lassen. Das große Hauptquartier in Versailles hatte am Morgen des 29. November die erste Nachricht von der Schlacht bei Beaune la Rolande erhalten. Die Besitznahme des Mont d'Avron und der Ausfall gegen L'Hay riefen im Verein mit dieser ersten Meldung über ein angriffsweises Vorgehen der Loire-Armee bei dem großen Hauptquartier die Ueberzeugung hervor, daß ein ernster Ausfall aus Paris nur gegen die württembergische Division zu vermuthen sei. Das Oberkommando der Maas=Armee erhielt daher noch am Vormittage des 29. November den telegraphischen Befehl, die württembergische Division mit allen Kräften zu unterstützen. Infolge dessen befahl Se. Königliche Hoheit der Kronprinz von Sachsen eine allgemeine Linksschiebung der Maas=Armee. Da jedoch das Auftreten bedeutender französischer Truppenmassen beim Dorfe Rosny das Generalkommando 12. Armeekorps besorgt machte, so wurde die Linksschiebung dieses Korps auf den Morgen des 30. November verschoben. Indessen wurde der Abschnitt von Sevran bereits am Nachmittag des 29. November von Truppen der 2. Garde=Division besetzt. Es sollte dann am 30. die ganze 24. Division auf das linke Marne=Ufer übergehen, die 23. Division sich bis zur Marne ausdehnen, die sächsische Korpsartillerie zur Verwendung auf beiden Marne=Ufern bereit stehen. Das Gelände von Noisy le Grand bis Champigny fiel somit der 24. Division zu, während die württembergische Division nach erfolgter Ablösung durch die Sachsen, den Raum von Champigny bis zur Seine zu decken hatte.

Wir sehen hier, daß das große Hauptquartier in Versailles eine durchaus zutreffende Anschauung der wirklich vorliegenden Absichten der Franzosen gewann, und daß die Demonstrationen der Franzosen am 29. November, insbesondere die Besitzergreifung des Mont d'Avron, keinen anderen Erfolg hatten, als den, die einmal gewonnene richtige Auffassung des großen Hauptquartiers noch zu bestärken. So rächte sich der Mangel an Entschlußfähigkeit, welchen General Trochu in der Nacht zum 29. November bewiesen hat. Man hatte alle Aussicht gehabt, die Deutschen zu überraschen; durch die vorzeitigen Unternehmungen am 29. November warnte man sie statt dessen.

Maßregeln der Franzosen.

Um nun wenigstens die Ankunft von Verstärkungen für die Deutschen vom linken Seine=Ufer her thunlichst zu verhindern, zweigte General Ducrot die Division Susbielle des 2. Armeekorps ab und befahl ihr, von Créteil aus die württembergische Stellung bei Mesly und dem Mont Mesly am 30. November energisch anzugreifen. Allerdings schwächte man dadurch die eigentliche Ausfallsarmee abermals um 7800 Gewehre und 18 Geschütze, dies war jedoch eher ein Vortheil, als ein Nachtheil, denn dadurch mußte die übermäßige Anhäufung von Truppen auf der Halbinsel von Joinville sich günstiger gestalten. Auf diese Weise konnte man daher hoffen, daß eine Verminderung der Verluste eintreten würde.

III. Der 30. November.
Schlacht von Villiers—Coeuilly.

Das sächsische Bataillon I./107 übernimmt die Vorposten bei Champigny.

Am 30. November früh 4 Uhr brach das 1. Bataillon sächsischen Infanterie-Regiments Nr. 107, etwa 600 Gewehre stark, aus Noisy le Grand zur Ablösung der württembergischen Vorposten nach der Halbinsel von Joinville auf. Die 1. Kompagnie blieb bei Le Plant stehen, die übrigen 3 Kompagnien trafen gegen 7 Uhr früh in Champigny ein, woselbst die 2. Kompagnie als Repli zurückgelassen wurde, während die beiden anderen Kompagnien die Vorposten übernahmen.

Die Sonne geht am 30. November um 7 Uhr 48 Minuten auf, es war also noch völlig dunkel. Ein äußerst heftiges Granatfeuer der französischen Forts und schweren Batterien überschüttete das wenig übersichtliche und den Sachsen noch dazu völlig unbekannte Gelände; sobald es hell wurde, steigerte sich dieses Feuer zu einer bis dahin nicht dagewesenen Heftigkeit. Noch hatten sich die paar Hundert Sachsen in dem Gewirre von Häusern und Gärten gar nicht ordentlich zurechtgefunden, als etwa um 9 Uhr früh plötzlich ein umfassender Angriff der Franzosen auf Champigny erfolgte.

Vormarsch der Franzosen.

Die Franzosen hatten am 30. November früh die Brücken bei Joinville und der Insel de Beauté fertig gestellt. Um 6½ Uhr früh begann darauf der Uebergang des 1. und 2. französischen Armeekorps. Schon um 8½ Uhr früh waren alle 4 Divisionen dieser beiden Armeekorps auf der Halbinsel von Joinville versammelt, woselbst sie aufmarschirten: Die Division Faron 500 m jenseits der Gabelung der Straßen nach Villiers und nach Champigny, zwischen der Marne und der Straße nach Champigny; die Division Malroy vorwärts von Poulangis; die Division Maussion westlich von Le Tremblay; die Division Berthaut in der Höhe des Parks von Poulangis.

Während dieser ganzen Zeit wurden die Stellungen der Deutschen und insbesondere die Vorpostenstellungen von der französischen Festungs-Artillerie mit einem wahren Höllenfeuer überschüttet. Dieser Hagel von schweren Granaten bahnte den Franzosen gewissermaßen den Weg. Es standen also auf dem engen Raume von etwa 2 km Breite und 1,5 km Tiefe über 36 000 Gewehre der Franzosen massirt, welchen in erster Linie nur 600 Gewehre der Sachsen gegenüber standen. Die Uebermacht war mithin ein 60fache.

Angriff der Franzosen auf Champigny.

Nachdem die Division Faron aufmarschirt war, griff das 113. französische Regiment Champigny umfassend an. Die Zeitangaben über den Beginn dieses Angriffs lauten verschieden, sie schwanken zwischen 7½ Uhr früh bis 9 Uhr früh. Wir glauben jedoch letztere Zeitangabe als die wahrscheinlich richtige annehmen zu dürfen. Die beiden auf Vorposten befindlichen Kompagnien von I./107, mit dem Gelände noch völlig unbekannt und außerdem unter dem Eindruck der furchtbaren Beschießung stehend, konnten keinen erheblichen Widerstand leisten und wurden von der großen Uebermacht der Franzosen ohne besondere Mühe aus Champigny hinausgeworfen, nachdem die Replikompagnie schon früher zurückgeschickt worden war. Etwa 100 Mann fielen dabei in die Gefangenschaft der Franzosen.

Inzwischen waren aber 4 gezogene 6-Pfünder der Württemberger in die Geschützstellung am Jägerhäuschen,*) eingefahren und beschossen von hier aus die rückwärts von Champigny aufgestellten Massen der Division Faron in wirksamster Weise. Es scheint nach den Angaben Ducrots, als ob diese vier Geschütze schon vor dem Angriffe der Franzosen auf Champigny thätig gewesen wären und ihr Feuer den Beginn des Angriffs beschleunigt hätte. Zwei französische Batterien versuchten vergeblich, diese vier Geschütze zum Schweigen zu bringen. Dies gelang nicht, obschon die Artillerie der Halbinsel von St. Maur unterstützend eingriff. Erst als Theile des französischen 113. Regiments die Abhänge der Hochfläche von Coeuilly erstiegen, wurden die württembergischen Geschütze zum Abfahren gezwungen.

Die Franzosen begannen sofort mit der Befestigung von Champigny und mit dem Wegräumen der Wegsperren im Innern des Ortes.

Während das vorderste Regiment der Division Faron Champigny eroberte, griffen die Vortruppen der Division Maussion die ganz ver-

---

*) Das Jägerhäuschen ist mit Belair identisch.

einzeln im Gehölze von Le Plant stehende Kompagnie 1./107 an und warfen sie ohne große Mühe zurück, wie dies gar nicht anders sein konnte. Im scharfen Nachdrängen gelangten dann die Franzosen auf die Hochfläche von Villiers.

Stellungen der Franzosen um 10 Uhr früh.

Um 10 Uhr früh hatten die Franzosen folgende Stellungen inne:

1. Die Division Faron hielt mit dem Regiment Nr. 113 Champigny besetzt, der Rest der Division befand sich noch massirt rückwärts dieses Dorfes.
2. Die Division Malroy war links der Division Faron in Stellung gegangen und zwar hinter den Kalköfen von Champigny. Vor ihr standen zwei gezogene 12-Pfünder-Batterien der Reserve-Artillerie 1. Armeekorps im Feuer (die Batterien 4./12 und 15./marine), außerdem die Mitrailleusen-Batterie der Division Malroy am Abhange des Thaleinschnittes des Baches von La Lande.
3. Die Division Berthaut stand links von der Division Malroy, die Brigade Bocher zwischen der Eisenbahn nach Mülhausen und dem Bache von La Lande, die Brigade Miribel zwischen der Eisenbahn und der Straße nach Villiers.
4. Die Division Maussion hielt die Abhänge der Hochfläche oberhalb von Bry mit der Brigade Courty besetzt, während die Brigade Avril de l'Enclos in Reserve stand.

In Bry hatte die Kompagnie 7./107 der Sachsen auf Vorposten gestanden, war aber sehr verständigerweise nach Noisy ausgewichen, ohne sich in einen Kampf mit der gewaltigen Uebermacht der Franzosen einzulassen. Bry fiel daher ohne jedes Gefecht in die Hände der Franzosen.

Maßregeln der Deutschen.

Zum Glück wartete die 1. württembergische Brigade noch in ihren Gefechtsstellungen auf die Ablösung durch die Sachsen, als die Nachricht eintraf, daß die Franzosen Champigny erobert hätten.

General v. Reitzenstein, der Kommandeur der 1. württembergischen Brigade, traf sofort die geeigneten Maßregeln, um den ersten Stoß der Franzosen zu pariren.

Auf dem linken Flügel wurde der Jägerhof durch die Kompagnien 2, 3, 4 des Jäger-Bataillons Nr. 2 besetzt, die 1. Kompagnie dieses

Bataillons blieb in Chennevières zurück. Die Kompagnie 6./1 eilte im Laufschritt herbei und besetzte den Schützengraben beim Jägerhofe. Die aus Champigny zurückgegangene Kompagnie 2./107 blieb ebenfalls am Jägerhofe stehen, während die Kompagnien 3. 4./107 sich an der Straße nach Coeuilly festsetzten.

Die Kompagnien 1. 2./1 besetzten die westliche Mauer des Parkes von Coeuilly, 3./1 blieb als Rückhalt hinter dem Schlosse (ein Zug dieser Kompagnie hielt das Schloß La Lande besetzt), 4./1 besetzte den Schützengraben bei der Batterie nördlich des Parkes von Coeuilly, 5. 7. 8./1 sammelten sich hinter dem Schlosse von Coeuilly.

In den Geschützstand zwischen Villiers und Coeuilly fuhr die 3. leichte württembergische Batterie ein, bald verstärkt durch zwei Geschütze der 1. schweren württembergischen Batterie, deren übrige vier Geschütze südlich des Parkes von Coeuilly Stellung nahmen.

Der vordere Steinbruch am Eisenbahndamm wurde von 5./7 besetzt, 80 Schritte dahinter stand 7./7; die aus Le Plant vertriebene Kompagnie 1./107 schloß sich dieser Gefechtsgruppe an.

Der Park von Villiers wurde durch die Kompagnien 2. 3. 4./7 besetzt, der alte Kirchhof durch 1./7. 8./7 vertheidigte den Schützengraben zwischen dem alten und neuen Kirchhofe, 6./7 blieb hinter dem Schlosse von Villiers als Rückhalt.

Die 2. leichte Batterie der Württemberger fuhr in den Geschützstand südlich des Parkes von Villiers ein.

Aus Noisy wurden auf den Hülferuf der Württemberger sofort die Kompagnien 7. 8./106 nach Villiers in Marsch gesetzt. II./107 und die 4. schwere sächsische Batterie hielten Noisy besetzt, die Kompagnien 5. 6./106 bildeten die Reserve für Noisy. III./107 stand in Gournay. I./106 war im Marsche nach Gournay, dieses Bataillon zählte jedoch nur drei Kompagnien, da 1./106 zur Bewachung der Trains in Claye verblieben war. III./106 war im Marsche nach Villiers. Die 3. und 4. leichte sächsische Batterie, bedeckt durch drei Schwadronen der 2. sächsischen Reiter, befanden sich im Anmarsche auf Villiers.

Das Regiment Nr. 104 hatte mit zehn Kompagnien im Marsche nach Villiers um 10 Uhr früh die Gegend von Malnoue erreicht. Das 4. württembergische Reiter-Regiment hielt mit drei Schwadronen hinter dem Bois l'Abbé, mit einer Schwadron hinter Villiers.

Es standen also um 10 Uhr früh nur äußerst schwache Kräfte der

Deutschen in der Vertheidigungsstellung von Villiers—Coeuilly—Jäger=
hof bereit und zwar:

Am Jägerhofe etwa 1000 Gewehre.

An der Straße nach Coeuilly vielleicht noch 100 Gewehre der zer=
sprengten Kompagnien 3. 4./107.

In Chennevières 220 Gewehre.

Im Parke von Coeuilly 1250 Gewehre.

Nördlich dieses Parkes 6 gezogene 4=Pfünder, 2 gezogene 6=Pfünder.

Südlich dieses Parkes 4 gezogene 6=Pfünder.

Nördlich des Geschützstandes zwischen dem Eisenbahndamme und
dem Parke von Coeuilly 220 Gewehre.

Am Eisenbahndamm 550 Gewehre.

Im Parke von Villiers und in den Kirchhöfen 1320 Gewehre.

Südlich des Parkes von Villiers 6 gezogene 4=Pfünder.

Im Marsche von Noisy nach Villiers 400 Gewehre.

In Noisy 1030 Gewehre, 6 gezogene 6=Pfünder.

In Gournay 630 Gewehre.

Im Anmarsch nach dem Schlachtfelde 3100 Gewehre, 12 gezogene
4=Pfünder.

Von der Reiterei können wir getrost Abstand nehmen, da sie
nirgends in den Kampf eingriff.

Die von den Franzosen angegriffene Stellung Villiers—Coeuilly—
Jägerhof war mithin von 4440 Gewehren und 18 Geschützen besetzt,
hinter welchen nur 220 Gewehre in Reserve standen.

Im Marsche nach Villiers befanden sich 400 Gewehre.

Die Stellung von Noisy war durch 1030 Gewehre und 6 Geschütze
vertheidigt, hinter denen 630 Gewehre in Gournay standen.

Im Anmarsche nach dem Schlachtfelde befanden sich 3100 Gewehre,
12 Geschütze.

Gegen die Stellung Villiers—Coeuilly—Jägerhof befanden sich im
Anmarsche 36 150 Gewehre, 138 Geschütze, 24 Mitrailleusen der Fran=
zosen. Das Verhältniß der Angreifer zu den Vertheidigern war also
zunächst rund 8 gegen 1.

Demnach verfügten die Franzosen über eine erdrückende numerische
Ueberlegenheit, hatten aber andererseits den großen Nachtheil, auf dem
engen Raume von etwa 3 km Breite sich entwickeln zu müssen. Daraus
folgte der Zwang für sie, in großer Tiefe zu fechten, und die natürliche
Folge davon war, daß das Feuer der Deutschen auf diese tiefen Massen
äußerst verderblich wirken mußte.

Angriff der Division Maussion auf den Park von Villiers.

Als die Schützenschwärme der Division Maussion auf dem Rande der Hochfläche vor Villiers erschienen, wurden sie mit einem so wirksamen Schnellfeuer empfangen, daß sie sofort wieder über den Höhenrand zurückwichen. Nun fuhren die drei Batterien der Division Maussion auf der Hochfläche auf, litten aber außerordentlich unter dem Artillerie- und Gewehrfeuer der Württemberger. Die Batterie 4./22 konnte nur mit zwei Geschützen das Feuer eröffnen, mußte jedoch auch diese zurückziehen, nachdem fast alle Pferde und Bedienungsmannschaften zusammengeschossen waren. Es gelang nur mit großer Mühe, die beiden Geschütze in Sicherheit zu bringen. Indessen kam eine Batterie der Division Berthaut den beiden im Feuer verbliebenen französischen Batterien zu Hülfe, so daß jetzt 18 französische Geschütze bezw. Mitrailleusen nördlich des Eisenbahndammes im Feuer standen.

Die Gefechtslage wurde für die Franzosen kritisch. Auch ihre Infanterie wurde derartig mit Geschossen überschüttet, daß sie bereits Unruhe zeigte. Als nun nach 10 Uhr früh General Ducrot erfuhr, daß das 3. Armeekorps seinen Marne-Uebergang noch gar nicht begonnen habe, entschloß er sich dazu, nicht länger in dem mörderischen Feuer zu warten, sondern den Sturm ohne genügende Artillerievorbereitung zu versuchen.

Inzwischen war der Generalstabsoffizier der 1. württembergischen Brigade, Hauptmann Pfaff, zu den Sachsen geeilt, um Verstärkungen zu erbitten. Das heftige Feuer des Mont d'Avron, das Vorrücken des 3. französischen Armeekorps gegen Neuilly und die Entwickelung starker Schützenschwärme auf dem Mont d'Avron hatten bei dem Kommandeur der 48. Brigade, dem Obersten v. Abendroth, die Vermuthung erweckt, daß die Franzosen einen Angriff auf Chelles und Gournay unternehmen würden. Oberst v. Abendroth traf daher die entsprechenden Maßregeln, gewährte aber dennoch in bereitwilligster Weise den Württembergern die erbetene Unterstützung.

Die Kompagnien 7. 8./106 wurden sofort nach Villiers entsandt, das Bataillon III./106 erhielt den Befehl, ebenfalls dorthin zu rücken. Ebendorthin wurde die 2. leichte sächsische Batterie in Marsch gesetzt, während der Oberst v. Abendroth persönlich gleichfalls nach Villiers eilte, um einen Ueberblick über die dortige Gefechtslage zu gewinnen.

Das Bataillon der Franktireurs der Division Maussion und die vordersten Kompagnien der Regimenter Nr. 123 und 124, zusammen etwa 2000 Gewehre, stürzten sich bald nach 10 Uhr früh auf die westliche Mauer des Parkes von Villiers, indem sie während des Vorgehens ununterbrochen feuerten. Erst auf 300 Schritt eröffneten die Württemberger ihr Schnellfeuer, die Franzosen stutzten und warfen sich nieder. Ihre Offiziere rissen jedoch die Massen wieder vorwärts, sprungweise vorgehend kamen sie bis auf 200 Schritt an die Parkmauer heran. Nun aber schlug Granate auf Granate der 14 gezogenen württembergischen Geschütze, welche südlich des Parkes standen, in die französischen Massen ein; das Schnellfeuer der württembergischen Infanterie räumte furchtbar unter den Franzosen auf. Die vordersten Schwärme machten Kehrt, rissen die hinteren Linien mit sich fort und die ganze Masse eilte in Unordnung hinter den schützenden Höhenrand zurück. Beide Regimentskommandeure der französischen Regimenter Nr. 123 und 124 und etwa 500 Mann blieben auf dem Platze; besonders auf dem Rückzuge wurden die Verluste der Franzosen sehr groß. Der erste große Angriff der Franzosen auf den Park von Villiers war somit glänzend abgeschlagen.

Kampf der Division Berthaut.

Während auf der Westseite des Parkes von Villiers dieser heftige Kampf tobte, gingen gegen die Südseite desselben zwei Bataillone Seine inférieure der Brigade Miribel vor (Division Berthaut). Es gelang den Mobilgarden, bis über die Brücke vorzudringen, auf welcher der Weg Chennevières—Bry die hier in das Gelände eingeschnittene Eisenbahn überschreitet. Dann aber erhielten sie ein so wirksames Feuer von der Besatzung der Steinbrüche und der württembergischen Artillerie, daß sie in Unordnung zurückwichen.

Jetzt zog Oberst de Miribel zwei Bataillone Loiret vor und diese gingen bis auf nächste Entfernung an den vorderen Steinbruch heran. Die Württemberger kamen nun in eine schwierige Lage. Schon um 10½ Uhr früh mußte 5./7 wegen Mangels an Munition zurückgehen, ebenso ein Zug von 7./7, welcher die Besatzung des vorderen Steinbruchs verstärkt hatte. Der Rückzug wurde durch das plötzliche Vorbrechen eines Zuges von 7./7 aus dem hinteren Steinbruche erleichtert; 5./7 ging nun nach dem Bahnhofe zurück. Die Franzosen folgten und besetzten den vorderen Steinbruch.

Der hintere Steinbruch wurde von 7./7 noch bis gegen 11½ Uhr früh vertheidigt, zu welcher Zeit auch diese Kompagnie nach dem Bahnhofe zurückgehen mußte, weil ihr gleichfalls die Patronen ausgingen.

Glücklicherweise erkannte General v. Reitzenstein die Gefahr, welche am Bahndamme drohte und entsandte sofort die Kompagnien 7. 8./1 aus dem Parke von Coeuilly, um nach den Steinbrüchen zu eilen. Die Kompagnie 8./1 gerieth leider in ein sehr verlustreiches Granatfeuer und wurde zersprengt, so daß sie in das Infanteriegefecht nicht eingreifen konnte, 7./1 aber erschien rechtzeitig und entwickelte zwei Züge nördlich, einen Zug südlich des Bahndammes. Auf etwa 80 m vom hinteren Steinbruche wurde nun das Feuergefecht eröffnet.

Etwa um 11½ Uhr früh trafen zwei Züge von 8./106 nördlich des Bahndammes ein. Die Ankunft dieser schwachen sächsischen Abtheilung gab den Anstoß zur Offensive, an welcher außer den zwei Zügen von 8./106 auch die beiden Züge von 7./1 theilnahmen.

Die Franzosen erhielten gleichzeitig Flankenfeuer von der Besatzung der südlichen Mauer des Parkes von Villiers und widerstanden dem Gegenangriff der vier Züge deutscher Infanterie nicht. Diese letzteren warfen vielmehr die Franzosen aus den Steinbrüchen heraus und besetzten alsbald den vorderen Steinbruch von Neuem. Die Franzosen erlitten große Verluste und wichen bis hinter den Weg Chennevières—Bry zurück. Mehr als 400 Todte und Verwundete der Brigade Miribel bezeugten die Heftigkeit des Kampfes.

An der Abwehr dieses Angriffs hatten auch die vier gezogenen 6-Pfünder an der Südwestecke des Parkes von Coeuilly lebhaften Antheil genommen, indem sie diejenigen Theile der Brigade Miribel beschossen, welche auf dem Eisenbahndamme und an der Südseite desselben vorzugehen versuchten. Gegen letztere französische Truppen wirkten auch ein Zug von 7./1 und zwei Züge von 4./1 auf das Kräftigste mit, indem sie bis nahe an den Weg Villiers—Kalköfen vorgingen und das Vordringen der Franzosen südlich des Bahndammes vereitelten.

Offensive der Deutschen gegen Höhe 109.

Auf der ganzen Strecke von der Höhe 100 vor der Westseite des Parkes von Villiers bis über den Eisenbahndamm hinaus waren jetzt die Franzosen hinter die Thalhänge des Marne-Thales zurückgeworfen, nur auf der Höhe 109 vor dem alten Kirchhofe behaupteten sie sich noch. Nördlich des Parkes von Villiers kamen soeben kleine sächsische Abtheilungen an, nämlich 7. und ½8./106. Die Deutschen machten nun den Versuch, auch hier den Feind über den Höhenrand zurückzuwerfen. Die genannten vier Züge gingen daher nördlich des Parkes, die Kompagnien 6. und 8./7 vom Parke aus gegen die Höhe 109 vor.

Es gelang den schwachen deutschen Kräften wirklich, die Höhe zu erreichen, aber am jenseitigen Rande standen weit überlegene Massen der Franzosen, welche die tapferen Angreifer mit einem so furchtbaren Feuer empfingen, daß dieselben unter ansehnlichen Verlusten wieder nach dem Parke von Villiers zurückweichen mußten.

Die Franzosen folgten, geriethen aber nunmehr abermals in das Feuer der Vertheidiger der Parkmauer. Gerade jetzt erschien die 3. leichte sächsische Batterie zwischen Noisy und Villiers und brachte im Verein mit der 4. schweren sächsischen Batterie das Nachdrängen der Franzosen zum Stehen. Außerdem traf III./106 bei Villiers ein und die Franzosen wichen alsbald wieder hinter den Höhenrand zurück.

Artilleriekampf.

Um 11½ Uhr früh trat eine Pause im Infanteriegefecht ein. Die Bataillone der Brigaden Courty und Miribel, welche den ersten großen Angriff der Franzosen durchgeführt hatten, befanden sich in großer Auflösung. Viele Mannschaften waren sogar bis Bry zurückgewichen. Es mußte erst wieder Ordnung geschaffen werden, was jedoch in verhältnißmäßig kurzer Zeit gelang. Die Regimenter Nr. 123 und 124 hielten den Weg besetzt, welcher am Höhenkamm entlang führte, rechts von ihnen lag das Bataillon Franktireurs der Division Maussion, links Regiment Nr. 125, während Regiment Nr. 126 in Reserve verblieb.

Der Artilleriekampf hatte inzwischen weiter gedauert. Von der Division Berthaut war die Mitrailleusen=Batterie an der Straße von Joinville nach Villiers aufgefahren, es standen nun 12 gezogene 4=Pfünder und 12 Mitrailleusen gegen den Park von Villiers im Feuer, die letzte 4=Pfünder=Batterie der Division Berthaut fuhr südlich der Eisenbahn auf. Noch weiter südlich standen die Mitrailleusen=Batterie der Division Malroy und zwei gezogene 12=Pfünder=Batterien des 1. Armeekorps.

Gegen Mittag fuhren auch noch die vier gezogenen 8=Pfünder=Batterien der Armee=Reserve=Artillerie zwischen der Straße Joinville—Villiers und dem Wege Bry—Villiers auf. Indessen mußten die 4=Pfünder=Batterie 10./21 und die eine Hälfte der Mitrailleusen=Batterie der Division Maussion aus dem Feuer zurückgezogen werden, weil die Verluste zu groß wurden. Es standen also um die Mittagsstunde zwischen Bry und dem Wege Villiers—Kallösen von Champigny im Feuer: 3 Mitrailleusen der Division Maussion, der Artillerie der Division Berthaut, 6 Mitrailleusen der Division Malroy, 2 gezogene

12=Pfünder=Batterien der Reserve=Artillerie 1. Armeekorps, 4 gezogene 8=Pfünder=Batterien der Armee=Reserve=Artillerie, oder 12 gezogene 4=Pfünder, 12 gezogene 12=Pfünder, 24 gezogene 8=Pfünder und 15 Mitrailleusen.

Dagegen waren 12 gezogene 4=Pfünder und 3 Mitrailleusen der Division Maussion bereits derartig zusammengeschossen worden, daß sie aus dem Feuer hatten zurückgenommen werden müssen.

Neue Offensive der Deutschen gegen Höhe 109.

Oberst v. Abendroth hatte sich inzwischen dazu entschlossen, den Franzosen die beherrschende Höhe 109 wieder wegzunehmen, obschon er hierzu nur die Kompagnien 5. 6. 9. 10. 11. 12./106 zur Verfügung hatte. In der That war der Besitz der genannten Höhe sowohl für die Behauptung von Villiers, als auch für die Beherrschung der nach Bry hinabführenden Thalhänge von entscheidender Bedeutung.

Als die Franzosen durch das deutsche Granatfeuer hinreichend er= schüttert zu sein schienen, gingen die erwähnten sechs sächsischen Kom= pagnien gegen Höhe 109 vor. Das Vortreffen, 10. und 11./106, ver= mochte nicht durch einen Frontalangriff die Franzosen zu werfen, es wurden daher die Kompagnien 9. 12./106 des Haupttreffens rechts herausgezogen, dieselben umfaßten die linke Flanke der Franzosen und warfen ihr erstes Treffen auf das zweite.

Nun zogen die Sachsen auch ihre Reserve, die Kompagnien 5. 6./106 ganz auf ihren rechten Flügel, umwickelten mit diesen frischen Kom= pagnien auch das zweite Treffen der Franzosen und rannten sie so voll= ständig über den Haufen, daß die Franzosen zuletzt in wilder Flucht nach Bry und dem Marne=Thale herunter eilten.

Die linke Flügelbatterie der vier gezogenen 8pfdgen französischen Batterien wurde dabei von den Sachsen ereilt und mußte zwei Geschütze in ihren Händen lassen, welche jedoch leider nicht zurückgebracht werden konnten. Der rechte Flügel der sechs sächsischen Kompagnien besetzte nun den Hang oberhalb von Bry und feuerte tüchtig hinter den weichen= den Franzosen her.

Auch der Bau der französischen Brücken bei Bry litt erheblich unter diesem Feuer. 9. und 12./106 erstürmten sogar in Bry selbst mehrere Häuser und nahmen dabei einen Stabsoffizier, 67 Mann ge= fangen. Der westliche Rand der Höhen von Bry blieb zunächst in den Händen der siegreichen Sachsen, welche mit den jenseits der Marne be=

findlichen Franzosen ein Feuergefecht unterhielten. Es war dies die Division Mattat des 3. Armeekorps, welche bei Bry über die Marne gehen wollte, vorläufig aber von diesem Vorhaben Abstand nahm.

Eingreifen der Artillerie des französischen 3. Armeekorps.

Unterdessen fegten die gezogenen 12=Pfünder des 3. Armeekorps aus ihren Stellungen am rechten Ufer der Marne ununterbrochen die Hochfläche zwischen Bry und Noisy mit ihren schweren Granaten; als nun auch noch die Mitrailleusen=Batterie der Division Mattat auf dem Hügel von Le Perreux Stellung nahm und von hier aus die Sachsen der Länge nach faßte, kam das siegreiche Vordringen der Sachsen zum Stehen. Die 12pfdgen Granaten hatten sich in die lockere Erde gebohrt, zwar moralischen Eindruck, aber wenig thatsächliche Wirkung hervor= gebracht, während das Mitrailleusenfeuer sich hier äußerst wirksam zeigte. 5. 6./106 gingen nun nach dem neuen Kirchhof zurück, während III./106 auf der Hochfläche verblieb, mit dem rechten Flügel am Kirch= hofe von Bry, mit dem linken Flügel auf der Höhe 109. Der Angriff der sechs Kompagnien Regiments 106 hatte etwa um 12 Uhr Mittags begonnen und bis 1 Uhr gedauert.

Fortsetzung des Artilleriekampfes.

Sämmtliche vier gezogenen 8=Pfünder=Batterien der französischen Armee=Reserve=Artillerie waren durch das siegreiche Vordringen der Sachsen von der Hochfläche vertrieben worden. Um die hierdurch ent= standene Lücke auszufüllen, holten die Franzosen die fünf gezogenen 12=Pfünder=Batterien der Reserve=Artillerie 2. Armeekorps vor, welche theils auf der Hochfläche vor dem Park von Villiers, theils südlich der Eisen= bahn auffuhren, so daß jetzt zwischen den Kalköfen von Champigny und Bry 12 gezogene 4=Pfünder, 42 gezogene 12=Pfünder und 15 Mitrailleusen französischerseits im Feuer standen.

Deutscherseits gingen um 12½ Uhr die 4. leichte sächsische Batterie nördlich der Eisenbahn neben der 2. leichten württembergischen und die 3. leichte sächsische Batterie um 12¾ Uhr nördlich von Coeuilly links neben der 3. leichten württembergischen in Stellung, da sie hier eine bessere Wirkung hatten und dem Infanteriefeuer der Franzosen weniger ausgesetzt waren, als dies auf der Hochfläche zwischen Noisy und dem Parke von Villiers der Fall gewesen wäre.

Die französische Artillerie schoß zwar recht gut und schlug sich mit vorzüglicher Tapferkeit, sie erlitt aber so große Verluste, daß die 12=Pfünder=Batterien 8./3 und 5./21 zurückgenommen werden mußten. Die Batterie 5./21 verlor in nicht ganz einer halben Stunde 1 Offizier, 3 Geschützführer, 27 Mann und den Kommandeur der Munitionswagen. Die 4=Pfünder=Batterie 10./21 der Division Maussion erschien nunmehr abermals in der Geschützlinie, nachdem sie ihre Verluste einigermaßen ergänzt hatte, ebenso trafen 4 gezogene 4=Pfünder der Batterie 4./22 und 2 Mitrailleusen der Division Maussion wieder ein, so daß jetzt 22 gezogene 4=Pfünder, 30 gezogene 12=Pfünder und 17 Mitrailleusen gegen Villiers und die Gegend zwischen Coeuilly und Villiers im Feuer standen.

Der Artilleriekampf dauerte mit voller Wuth weiter und hatten auch die deutschen Batterien einen schweren Stand, allein die französischen Batterien befanden sich offenbar in schwerem Nachtheile; sie standen auf engem Raume zusammengedrängt, ohne genügende Deckung und hatten ein ungünstiges Schußfeld vor sich, während die sicher treffenden deutschen Granaten ein vorzügliches Ziel vor sich hatten.

Kampf am Eisenbahndamm bis 1 Uhr Mittags.

Zwischen 12 und 1 Uhr Mittags trafen 10 Kompagnien Regiments Nr. 104 bei Villiers ein. Die Kompagnien 5. 6./104 standen in Clave bezw. in Mory. I./104 wurde sofort nach dem Eisenbahndamm südlich von Villiers gesandt, woselbst nur noch die Kompagnie 7./1 und die zwei Züge von 8./106 den Franzosen gegenüberstanden, da 5. und 7./7 nach Villiers abmarschirt waren.

Sofort gingen jetzt die Kompagnien 1. 3. 4./104 bis zu den Steinbrüchen am Eisenbahndamm vor, während 2./104 als Rückhalt am Bahnhof zurückblieb.

Eingreifen des Bataillons III. 104.

Das Bataillon III./104 füllte die Lücke zwischen III./106 und dem Kirchhofe von Villiers aus, gerieth aber alsbald in ein sehr heftiges Gefecht mit der französischen Infanterie und sah sich gezwungen, sich nach rechts zu ziehen, wodurch freilich der Anschluß an III./106 gewonnen wurde, indessen auf dem linken Flügel noch immer eine erhebliche Lücke bis zum alten Kirchhofe von Villiers unbesetzt blieb. Etwa um 1 Uhr kam hier das Gefecht zum Stehen.

Gefechtslage auf dem linken Flügel der Württemberger.

Wir müssen uns jetzt zu dem linken Flügel der Württemberger wenden.

Vorwärts von Champigny hatte die Division Faron sich allmälig in der Höhe des Jägerhauses (Belair) entwickelt und stand etwa um 11 Uhr wie folgt:

Am Abhange nach der Marne zu 2 Bataillone Regiments Vendée und 2 Kompagnien Regiments Nr. 113, links davon Regiment Nr. 35, noch weiter links 2 Bataillone Regiments Nr. 114, in Reserve bezw. auf dem linken Flügel 1 Bataillon Regiments Vendée, 1 Bataillon Regiments Nr. 114, Regiment Nr 42. Der Rest des Regiments Nr. 113 hielt Champigny besetzt.

Zwei gezogene 12-Pfünder-Batterien der Reserve-Artillerie 1. Armeekorps, 4./6 und 16./8, hatten versucht, auf der Hochfläche aufzufahren, es gelang ihnen aber nicht, sich zu behaupten. Etwas später erneuerten sie diesen Versuch, litten aber binnen wenigen Minuten derartig, daß sie abermals abfahren mußten. Eine gezogene 4-Pfünder-Batterie der Division Malroy, 2./marine, fuhr südlich des großen Kalkofens auf, es gelang ihr auch, im Feuer auszuharren. Ebenso fuhr die gezogene 12-Pfünder-Batterie 3./6 der Reserve-Artillerie 1. Armeekorps beim Jägerhause auf, feuerte hier einige Zeit, wurde dann aber derartig zusammengeschossen, daß sie abfahren mußte.

Es gelang also der französischen Artillerie nicht, sich auf der Hochfläche vor Coeuilly das Uebergewicht über die deutsche Artillerie zu verschaffen. Letztere stand um die Mittagsstunde folgendermaßen vertheilt:

Nördlich von Coeuilly die 3. leichte württembergische und die 3. leichte sächsische Batterie, südlich des Parkes von Coeuilly die 1. schwere, am Jägerhofe die 6. schwere württembergische Batterie, welche letztere Batterie kurz nach 11½ Uhr hier zur Verstärkung eingetroffen war.

Offensive der Württemberger.

Zur selben Zeit beschloß der General v. Reitzenstein, Kommandeur der 1. württembergischen Brigade, den Franzosen im Angriffe zuvorzukommen. Er bestimmte hierzu drei Kompagnien der Parkbesatzung von Coeuilly; durch ein Mißverständniß schloß sich indessen auch die letzte Kompagnie dieser Besatzung dem Angriffe an, so daß augenblicklich der Park von Coeuilly ganz ohne Vertheidiger blieb. Es gingen also vom Parke von Coeuilly aus vor: 1. 2. 3. 5./1; die 3. Kompagnie 1. württembergischen Regiments zählte nur 2 Züge, da ein Zug im Schloß La Lande zurückgeblieben war.

Am Jägerhof standen die Kompagnien 2, 3, 4 des 2. württembergischen Jäger-Bataillons und die 6. Kompagnie des 1. württembergischen Regiments. Die 1. Kompagnie des Jäger-Bataillons Nr. 2 war in Chennevières; die Kompagnien 1, 2 des 5. württembergischen Regiments befanden sich im Anmarsche von Chennevières nach dem Jägerhofe an den Thalhängen des Marne-Ufers.

Französischerseits fuhren eben jetzt die letzte 4-Pfünder-Batterie der Division Malroy 1./marine neben der Batterie 2./marine südlich des großen Kalkofens, die drei Batterien der Division Faron auf der Hochfläche vor Coeuilly auf. Letztere drei Batterien erlitten jedoch alsbald derartige Verluste, besonders durch das Feuer der vorgehenden württembergischen Infanterie, daß sie abfahren mußten.

Die vier zum Angriff vorgehenden württembergischen Kompagnien erlitten sehr schwere Verluste, gelangten aber dennoch bis an den Weg Chennevières—Bry auf 150 m von den Franzosen. Hier aber konnte man die Ueberlegenheit der Franzosen in ihrer ganzen Größe erkennen, auch mehrten sich die Verluste in so erschreckender Weise, daß die Württemberger zurückgehen mußten. Die Kompagnien 1. und 5./1 verloren hier allein 7 Offiziere, 221 Mann. Die Kompagnie 1./1 verlor fast 53 pCt. ihres Bestandes.

Gegenangriff der Franzosen.

Sobald die Württemberger zurückgingen, begannen die Franzosen den Gegenangriff in dicht gedrängten Schützenschwärmen und unter unaufhörlichem Schnellfeuer. Auch Regiment Nr. 42 betheiligte sich an diesem Angriff, so daß schließlich die ganze Division Faron vorwärts drängte, mit einziger Ausnahme der 2²/₃ Bataillone, welche Champigny besetzt hielten. Auch die beiden württembergischen Züge von 4./1, welche in den Kampf am Eisenbahndamme soeben höchst wirksam eingegriffen hatten, mußten jetzt zurück und besetzten wiederum den Schützengraben nördlich von Coeuilly. Die Trümmer der vier württembergischen Kompagnien, welche den Sturm ausgeführt hatten, eilten jetzt nach dem Parke von Coeuilly zurück und besetzten schleunigst die Parkmauer.

Die Franzosen verfolgten eifrig und stürmten die Abhänge vor dem Park von Coeuilly herunter. Jetzt leisteten die Reste der arg zusammengeschossenen vier württembergischen Kompagnien so viel, als irgend eine Truppe der Welt überhaupt jemals zu leisten vermocht hat.

Alles wetteiferte, die Mauer schnell zu besetzen; Patronen wurden auf Teppichen und Mänteln aus dem Munitionswagen herbeigeschafft, bezw. den Tornistern der Gefallenen entnommen. Plötzlich schlug nun den Franzosen auf allernächste Entfernung ein vernichtendes Schnellfeuer entgegen. Die 1. schwere, 3. leichte württembergische, die 3. leichte, bald auch die 4. leichte sächsische Batterie schleuderten ihre sicher treffenden Granaten in die sich immer dichter zusammenballenden Massen der Franzosen und erzeugten verheerende Verluste.

Die vorderen Schützenschwärme der Franzosen machten Kehrt, ehe sie die Straße Villiers—Chennevières erreicht hatten, dagegen blieben die dahinter folgenden geschlossenen Massen der französischen Bataillone im Vormarsch und gelangten zum Theil über die genannte Straße hinaus.

Eingreifen der Württemberger vom Jägerhof her.

Etwa gleichzeitig mit dem Vorgehen der Parkbesatzung von Coeuilly gegen die Franzosen waren vom Jägerhof her die Kompagnien 3, 4 des 2. württembergischen Jäger-Bataillons und die Kompagnie 6./1 zum Angriff gegen das Jägerhaus (Belair) vorgebrochen, während die 6. schwere württembergische Batterie den Angriff durch ihr Feuer unterstützte.

Die Batterie 3./6 der Reserve-Artillerie 1. französischen Armeekorps wurde wesentlich durch das Schnellfeuer der württembergischen Kompagnie 6./1 zum eiligen Abzuge gezwungen. Der Angriff dieser drei württembergischen Kompagnien fiel der Zeit nach mit dem Vorgehen des Mobilgarden-Regiments Vendée von der entgegengesetzten Seite zusammen.

Zwei gezogene 6-Pfünder der 6. schweren württembergischen Batterie gingen bis auf 500 Schritt vor dem Jägerhof vor und brachten durch Schnellfeuer mit Granaten die vordringenden Mobilgarden zum Stehen, welche unmittelbar darauf von der 4. Kompagnie 2. württembergischen Jäger-Bataillons angegriffen wurden. Der Schützengraben zwischen der alten und neuen Straße wurde von den Württembergern erobert, 2 Offiziere und mehr als 100 Mann Mobilgarden gefangen genommen. In wilder Flucht eilten die Franzosen hier bis nach Champigny zurück, von einem Theile der 4. Jäger-Kompagnie bis zu dem Gehölz vorwärts von Champigny verfolgt.

Jetzt sah der Generalstabsoffizier der 1. württembergischen Brigade, Hauptmann Pfaff, die Gefahr, welche dem Parke von Coeuilly drohte.

Sofort ließ er die Kompagnie 6./1 und alle verfügbaren Theile der beiden Jäger-Kompagnien rechts schwenken und an der alten Straße Stellung nehmen. Von hier aus eröffneten nun die Württemberger ein äußerst verderbliches Schnellfeuer gegen die rechte Flanke der im Sturm auf den Park von Coeuilly begriffenen französischen Regimenter Nr. 35, 42 und 114.

Vollständige Niederlage der Division Faron.

Die dichten Massen der vorwärts stürmenden Franzosen litten bereits furchtbar unter dem Gewehrfeuer der Parkmauerbesatzung und dem Granatfeuer der deutschen Batterien. Als sich nun auch noch das Flankenfeuer von der Höhe des Jägerhauses her gegen die Franzosen ergoß, wurden ihre Verluste erschreckend groß. Haufenweise stürzten die Franzosen zusammen. Die Massen stutzten und wandten sich zum Rückzuge.

Gerade jetzt erschienen die Kompagnien 1, 2 des 5. württembergischen Regiments auf der Höhe des Jägerhauses. Zwei Züge der 2. Kompagnie schwenkten ebenfalls rechts und wandten sich nebst 6./1 und den Jägern zum Angriff auf die weichenden Franzosen, während 1./5 und der 3. Zug von 2./5 weiter auf Champigny vordrangen.

Die Franzosen hielten den plötzlichen Flankenstoß nicht aus, sie wichen theilweise in wilder Flucht nach der Höhe zurück. Zahlreiche Gefangene fielen in die Hände der Württemberger. Das Regiment Nr. 42 ließ allein mehr als 800 Todte und Verwundete auf dem Platze.

Die Niederlage der Division Faron war eine gründliche, Ducrot giebt ihren Verlust bei dem Angriff auf den Park von Coeuilly auf mehr als 2000 Mann an. Alle vier Regimentskommandeure der Regimenter Nr. 35, 42, 114 und Vendée lagen todt oder verwundet in ihrem Blute. Etwa 400 Gefangene blieben in den Händen der Württemberger, welche aber auch ihrerseits 22 Offiziere und mehr als 500 Mann verloren hatten. Der Verlust der vier Kompagnien, welche den verunglückten Angriff vom Park von Coeuilly aus unternommen hatten, betrug allein 12 Offiziere, 341 Mann.

Um 1 Uhr war der heftige Kampf zu Ende. General Faron gab jeden Gedanken an eine Wiederholung des Angriffs gegen Coeuilly auf, er begann sogar gegen 2 Uhr Champigny zu räumen.

Thätigkeit des 3. französischen Armeekorps am Vormittage des 30. November.

Das 3. französische Armeekorps hatte am 29. November mit der Division Mattat und der Gruppe Reille im Norden von Rosny, mit der Division Bellemare südlich dieses Dorfes gelagert.

Am 30. November früh 5 Uhr begann das Korps nach dem Marne-Thale herabzusteigen. Die Division Bellemare entwickelte sich Front gegen Neuilly sur Marne und begann mit ihrer Artillerie dieses von den Deutschen nicht besetzte Dorf zu beschießen. Drei gezogene 12-Pfünder-Batterien der Armee-Reserve-Artillerie waren dem 3. Armeekorps zugetheilt worden, so daß dasselbe über 30 gezogene 4-Pfünder, 12 Mitrailleusen und 48 gezogene 12-Pfünder verfügte, also reichlicher mit Artillerie bedacht war, als die beiden anderen Armeekorps.

Eine 12-Pfünder-Batterie unterstützte die Artillerie der Division Bellemare in der Beschießung von Neuilly, während die übrigen Batterien der Reserve-Artillerie hinter der Division Mattat verblieben, welche ihrerseits am Rondpoint de Plaisance Stellung nahm. Auch die Artillerie des Mont d'Avron nahm das Feuer auf und beschoß Noisy, Gournay und die dortige Marne-Brücke.

Um 8 Uhr früh ging dann die Division Bellemare gegen Neuilly vor und besetzte den Ort. Vier gezogene 12-Pfünder-Batterien nahmen rechts und links der zum Brückenschlage gewählten Stelle Aufstellung und eröffneten ihr Feuer auf Noisy, Villiers, Bry und das Gelände zwischen diesen Orten.

Maßregeln der Sachsen.

Auf deutscher Seite machten diese Truppenbewegungen den Eindruck, als ob die Franzosen einen Massenangriff auf Chelles und Gournay unternehmen wollten.

Die Sachsen trafen daher ihre Maßregeln, um einem französischen Angriff in der Stellung von Chelles—Gournay entgegenzutreten, entsandten aber trotzdem in ganz richtiger Würdigung der thatsächlichen Lage Verstärkungen nach Villiers und Noisy.

Der kommandirende General des 12. Armeekorps, Seine Königliche Hoheit Prinz Georg von Sachsen, war der Ansicht, daß der Hauptangriff der Franzosen gegen Villiers gerichtet sei, daß aber wahrscheinlich die Franzosen versuchen würden, durch einen Angriff auf Chelles—Gournay das Herbeiziehen von Verstärkungen für die Besatzungen von

Noisy und Villiers zu verhindern. Er befahl daher, sofort die Hauptreserve der 23. Division nach Chelles abrücken zu lassen und begab sich selbst sogleich nach der Höhe von Chelles. Dort kam er Mittags 12 Uhr an. Schon jetzt erkannte der Prinz, daß vermuthlich nördlich der Marne nur eine Demonstration seitens der Franzosen beabsichtigt werde; er entschloß sich daher um 1½ Uhr, als die Franzosen im Marne-Thale noch immer unthätig verharrten, alle entbehrlichen Truppen nach der Gegend von Villiers—Noisy abrücken zu lassen. Drei Batterien der Korps-Artillerie erhielten schon um 1 Uhr den Befehl, auf das Schlachtfeld von Villiers zu eilen.

Es ist für den Kriegshistoriker eine wahre Freude, zuweilen einem General zu begegnen, vor dessen Feldherrnblick er den Hut abziehen kann, ohne in den Verdacht der Kriecherei zu kommen. Diese Freude empfinden wir hier. Der Prinz Georg von Sachsen bewies auf der Höhe von Chelles einen ungewöhnlichen Grad von Feldherrnbegabung, er durchschaute die Absichten der Franzosen durchaus richtig, trotz aller Versuche derselben, ihre wirklichen Pläne möglichst zu verdecken.

Wenn es am 30. November gelang, den Durchbruchsversuch der Franzosen zu vereiteln, so gebührt unserer Meinung nach dem Prinzen Georg von Sachsen, dem Generallieutenant v. Nehrhoff und dem General v. Reitzenstein das Hauptverdienst. Allein selbst die größte Zähigkeit und die glänzendste Tapferkeit der Württemberger würde vergeblich gewesen sein, wenn die Sachsen nicht so rechtzeitig und so geschickt eingegriffen hätten. Der eigentliche Sieger vom 30. November ist daher zweifellos der Prinz Georg von Sachsen.

Brückenschlag des 3. französischen Armeekorps und erste Uebergangsversuche dieses Korps.

Gegen 10 Uhr früh ertheilte General d'Exéa, der Kommandeur des 3. französischen Armeekorps, den Befehl, die Brücken über die Marne bei Neuilly zu schlagen. Zwei weitere gezogene 12-Pfünder-Batterien wurden auf dem Hügel von Le Perreux in Stellung gebracht, so daß jetzt 36 gezogene 12-Pfünder das Gelände zwischen Noisy, Bry und Villiers mit ihren Granaten überschütteten.

Um 11 Uhr früh wurde der Befehl gegeben, die Brücken bei Bry zu schlagen, auf welchen die Division Mattat übergehen sollte. Das Material für letztere Brücken war inzwischen durch Dampfer an Ort und Stelle gebracht worden; der Bau begann daher sofort.

Um 11¼ Uhr früh erschien ein Offizier vom Stabe des Generals Trochu beim General d'Exéa, um den Uebergang des 3. Armeekorps zu beschleunigen. Die beiden Divisionen Bellemare und Mattat versammelten sich nun in der Nähe der Brücken von Neuilly bezw. von Bry, um den Uebergang über die Marne ungesäumt beginnen zu können. Die Gruppe Reille besetzte Neuilly sur Marne, indessen wurde ein Theil des 1. Bataillons Seine et Marne der Division Bellemare in Villa Evrard nicht abgelöst und verblieb daher dort.

Die Brückenstelle bei Bry lag so, daß sie vom Granatfeuer der Deutschen unsicher gemacht wurde. Zwei Brückenfahrzeuge wurden durch Granaten in den Grund gebohrt. Dann erschienen etwa zur Mittagszeit auch noch die Sachsen oberhalb von Bry (das Bataillon III./106) und überschütteten die Arbeiter mit einem Hagel von Gewehrkugeln. Die Hülfsarbeiter vom Civil deckten sich schleunigst, ein Theil floh, der Brückenbau wurde vorläufig aufgegeben.

Zur selben Zeit waren die Brücken bei Neuilly fertiggestellt worden. Die Division Bellemare erhielt den Befehl, den Uebergang zu beginnen. Als jedoch die Offensive der Sachsen gerade jetzt siegreich vorwärts drang, wurde General d'Exéa besorgt und hemmte den Uebergang der Division Bellemare, ließ sogar die wenigen Kompagnien, welche bereits übergegangen waren, wieder auf das rechte Marne-Ufer zurückkehren. Auch die Division Mattat bezog wieder ihre alte Stellung am Rondpoint de Plaisance, weil einige Geschosse sie erreicht hatten.

Gegen 1 Uhr erschien ein Generalstabsoffizier des Generals Ducrot beim General d'Exéa. Derselbe hatte ungehindert die Brücken bei Neuilly überschritten, nachdem er freilich auf den Thalhängen von Bry lebhaftes Gewehrfeuer erhalten hatte. Er brachte den Befehl, den Uebergang so schnell als möglich auszuführen. Indessen General d'Exéa sah gerade jetzt das siegreiche Vordringen der Sachsen auf den Abhängen oberhalb von Bry und konnte sich zunächst nicht dazu entschließen, die Division Bellemare übergehen zu lassen.

Unterdessen hatte die Mitrailleusen-Batterie der Division Mattat auf dem Hügel von Le Perreux Stellung genommen und ein sehr erfolgreiches Feuer auf die Sachsen eröffnet, welches, wie wir gesehen haben, ihr weiteres Vordringen alsbald hemmte.

Fortgang der Schlacht vor Billiers bis 2 Uhr Nachmittags.

Als nun die Division Maussion die verlassenen Thalhänge aufs Neue besetzte, entschloß sich General d'Exéa um 2 Uhr Nachmittags, die Division Bellemare bei Neuilly über die Marne gehen zu lassen, unterließ es aber, dies dem General Ducrot zu melden. Letzterer General hatte um diese Zeit die Hoffnung bereits aufgegeben, am 30. November den Durchbruch noch ausführen zu können; er beschloß, sich auf die Behauptung der gewonnenen Stellungen zu beschränken, da das 3. Armeekorps nicht in die Schlacht eingegriffen hatte.

Bei der Division Maussion wurden die Regimenter Nr. 123 und 124 durch Nr. 125 und 126 abgelöst, nur das Bataillon III./124, das wenig gelitten hatte, blieb vorn. Die Artillerie setzte ihr Feuer auf das Eifrigste fort, die vier gezogenen 8=Pfünder=Batterien der Armee= Reserve=Artillerie erschienen aufs Neue in der Geschützlinie, die Batterie 7./22 freilich nur mit vier Geschützen. Eine gezogene 8=Pfünder=Batterie und die Mitrailleusen=Batterie der Division Malroy gingen sogar um 1 km vor, um besser wirken zu können. Allein sie wurden zusammen= geschossen, zwei gezogene 8=Pfünder demontirt; sie mußten wieder bis zu den Kalköfen zurückgehen.

Neuer Angriff der Franzosen gegen 2 Uhr Nachmittags.

Gegen 2 Uhr Nachmittags erfolgte ein neuer Angriff der Franzosen gegen die Westseite des Parkes von Villiers und längs des Eisenbahn= dammes. Es gelang den Franzosen, einige Hundert Schritt Boden zu ge= winnen; dann aber wurden sie von den Württembergern und Sachsen derartig mit Feuer überschüttet, daß sie wieder zurückwichen.

General Ducrot erwähnt diesen Angriff in seinem Werke nicht, er fand vermuthlich ohne seinen Befehl statt, da Ducrot selbst um diese Zeit nach Champigny geeilt war. Uebrigens ließ bei diesem Angriff die Haltung der Franzosen viel zu wünschen übrig, da sie durch die er= littenen Verluste und Mißerfolge bereits stark erschüttert waren.

Auch gegen das Bataillon III./104 unternahmen die Franzosen um diese Zeit einen Anlauf, welcher jedoch gleichfalls abgewiesen wurde. Meistens genügten wenige Granaten, um die französischen Bataillone auseinander zu sprengen, sobald sie auf dem Höhenrande erschienen.

Besonders heftig war der Angriff der Franzosen gegen das Ba= taillon I./104 in den Steinbrüchen am Eisenbahndamm. Allein auch dieser Vorstoß wurde abgewiesen, freilich ging dabei den Sachsen die Munition in bedenklichem Grade aus. Erst nach einer Stunde kam der Munitionswagen des Bataillons, der in Champs frisch gefüllt war, an und konnte nun die Munition wieder ergänzt werden.

Rückzug der Sachsen von der Hochfläche vor Bry.

Um 2½ Uhr Nachmittags war das Bataillon III./104 derartig erschöpft, daß 7. 8./104 vom Kirchhofe her vorgeholt werden mußten. Durch flankirendes Feuer griffen diese beiden Kompagnien sehr wirksam in das Gefecht ein. Allein das Granatfeuer der Forts und der französischen Feldbatterien, besonders der Batterien des 3. französischen Armeekorps, wirkte mit der Zeit allzu niederschmetternd. Auch trafen die Meldungen von dem Brückenschlage der Franzosen bei Neuilly und dem Beginne des Uebergangs der Division Bellemare ein. Dadurch wurden die Bataillone III./104 und III./106 im Rücken bedroht. Ebenso wurde gemeldet, daß weitere französische Truppenmassen unterhalb von Bry sich zum Uebergange über die hier geschlagenen Brücken anschickten.

Infolge dessen wurden die beiden sächsischen Bataillone und 7. 8./104 zurückgenommen. Die Rückzugsbewegung begann etwa um 3 Uhr. 7. 8./104 besetzten die Parkmauer von Villiers und erleichterten durch einen Vorstoß aus dem Parke gegen die rechte Flanke der lebhaft nachdrängenden Franzosen den Abzug von III./104, während der Abzug von III./106 durch einen ebensolchen Vorstoß von 7./107 aus der Gegend von Noisy gegen die linke Flanke der Franzosen erleichtert wurde. Beide Bataillone sammelten sich etwa um 4 Uhr hinter dem neuen Kirchhofe als Haupttreffen.

Die Division Faron rückt wieder nach Champigny vor.

Unterdessen hatte General Ducrot die Räumung von Champigny erfahren und sofort bei Todesstrafe verboten, irgend eine Stellung aufzugeben. Die ganze Brigade de la Mariouse und Regiment Nr. 114 standen bereits rückwärts von Champigny massirt, nur Regiment Nr. 113 hielt noch die vorgeschobenen Stellungen besetzt, als der Gegenbefehl Ducrots eintraf. Sofort machte nun die Division Faron wieder Front und besetzte die eben verlassenen Stellungen aufs Neue.

Es kam jedoch hier nicht mehr zu ernstem Kampfe. Nur die beiden württembergischen Kompagnien 1. 2./5 hatten an der Marne kleine Scharmützel mit Theilen des französischen Regiments Nr. 113.

Stellungen der Deutschen gegen 4 Uhr Nachmittags.

Gegen 4 Uhr Nachmittags nahmen die Deutschen folgende Stellungen ein:

In Noisy standen II. und III./107 und 200 bis 300 Mann noch nicht vertheilte Ersatzmannschaften dieses Regiments.

Hinter Noisy befanden sich 2. 3. 4./106, II./105, Jäger=Bataillon Nr. 13 und die 3. schwere sächsische Batterie, jedoch waren nach dem Werke von Schubert die Batterie und die beiden letztgenannten Bataillone noch im Anmarsch und trafen erst um 4½ Uhr bei Noisy ein.

Zwischen Noisy und dem neuen Kirchhofe standen 5 sächsische Batterien, vom rechten Flügel an gerechnet die 7. und 8. schwere, die 6., 3. und 4. leichte, bedeckt durch 3 Schwadronen 2. sächsischer Reiter.

Im neuen Kirchhofe befanden sich 5. 6./106.

Der Park von Villiers und der alte Kirchhof waren besetzt von den württembergischen Bataillonen I. und II./7, 7. 8./104 und der 4. schweren sächsischen Batterie.

Südlich des Parkes war die 2. leichte württembergische Batterie aufgefahren.

Hinter Villiers standen in Reserve III./104, III./106, 1./107, 7. und ein Zug von 8./106, und von württembergischen Truppen 8./1 und das 4. Reiter=Regiment.

Quer über den Eisenbahndamm und in den Steinbrüchen befanden sich I./104, zwei Züge von 8./106, Theile von 5. 7./7 und 7./1.

Nördlich des Parkes von Coeuilly war die 6. schwere württembergische Batterie aufgefahren, die 3. leichte württembergische Batterie hatte nach 3 Uhr wegen Munitionsmangels zurückgenommen werden müssen.

Den Schützengraben zwischen Coeuilly und dem Eisenbahndamm hielt 4./1 besetzt.

Der Park von Coeuilly wurde vertheidigt von den württembergischen Kompagnien 1. 2. 3. 5./1 und der 5. leichten württembergischen Batterie.

Am Jägerhofe standen das 2. württembergische Jäger=Bataillon, 6./1, 1. 2./5, die 2. Schwadron 2. sächsischer Reiter und die 1. schwere württembergische Batterie.

Zwischen Chennevières und dem Jägerhofe befanden sich II./5, I./8, das 1. württembergische Jäger=Bataillon; am Bois l'Abbé 2. 3. 4./107.

Es waren also zu dieser Zeit bereits ansehnliche Verstärkungen eingetroffen, welche naturgemäß hauptsächlich auf den beiden Flügeln Stellung genommen hatten.

Im Ganzen betrugen die Streitkräfte der Deutschen um 4½ Uhr Nachmittags:

Sachsen: 10¼ Bataillone, 4 Schwadronen, 7 Batterien.
Württemberger: 8½ = 4 = 5 =

Unter Anrechnung der bereits erlittenen Verluste waren dies in runden Zahlen 13 000 Gewehre, 1000 Säbel und 72 Geschütze.

Stärke der Franzosen zur selben Zeit.

Französischerseits standen um 4½ Uhr Nachmittags unter Anrechnung der bereits gehabten Verluste und nach Abzug der Gruppe Meille, sowie dreier Regimenter der Division Mattat, welche auf dem rechten Marne-Ufer verblieben, den Deutschen gegenüber: 43 000 Gewehre und 250 Feldgeschütze bezw. Mitrailleusen. Von der Kavallerie können wir auf beiden Seiten Abstand nehmen, da sie nirgends in den Kampf eingriff; dann stellt sich das Verhältniß der Deutschen zu den Franzosen wie 14 400 zu 48 000, wobei wir für das Geschütz 20 Mann Bedienung berechnet haben.

Trotz aller deutscherseits eingetroffenen Verstärkungen betrug also die Uebermacht der Franzosen noch immer mehr als das Dreifache der Stärke der Deutschen. Außerdem muß man sich immer vergegenwärtigen, daß die Schlacht gewissermaßen auf dem Glacis der Festung Paris geschlagen wurde, und daß Hunderte von schweren Festungsgeschützen das Schlachtfeld nach allen Richtungen hin mit ihren Riesengranaten durchfegten.

Letztere Thatsache spielte eine große Rolle, die Leistungen der Deutschen erscheinen erst im richtigen Lichte, wenn man sich derselben dauernd erinnert.

Angriff der Division Bellemare auf den Park von Villiers.

General Ducrot befand sich gerade in Champigny, als um 4 Uhr Nachmittags plötzlich in der Richtung auf Villiers abermals ein heftiges Gewehrfeuer hörbar wurde. Die Division Bellemare hatte nämlich um 2 Uhr begonnen, die Marne zu überschreiten, zuerst die Brigade Journés, welche das 3. Bataillon des 4. Zuaven-Regiments gegen Noisy entsandte. Die Division nahm die Front gegen Noisy, wie es befohlen war, und es schien, als ob der Angriff dieser frischen Truppen sich dem Plane Ducrots gemäß gegen Noisy richten würde, als plötzlich gegen 3 Uhr General d'Exéa sich dazu entschloß, nicht auf Noisy, sondern auf Bry zu marschiren. Er führte die Artillerie der Division Bellemare und die beiden 4=Pfünder=Batterien der Division Mattat bei sich; alle übrigen Batterien des 3. Armeekorps verblieben auf dem rechten Marne=Ufer.

Die ganze Division Bellemare versammelte sich nun auf dem freien Platze an der Kirche von Bry, mit Ausnahme von III./4 Zuaven. Die beiden noch übrigen Bataillone des 4. Zuaven=Regiments benutzten den Hohlweg Bry—Villiers zum Vormarsche, rechts von ihnen ging Regiment Nr. 136 vor, links Regiment Seine et Marne, während das Regiment Morbihan die Verbindung mit dem 3. Bataillon der Zuaven unterhielt.

Um 3½ Uhr gingen die Zuaven im Hohlwege vor, als Avantgarde vor sich 2 Kompagnien ihres 1. Bataillons, welche sich dazu hinreißen ließen, ganz vereinzelt gegen den Park von Villiers vorzubrechen, im Nu aber sämmtliche Offiziere verloren und furchtbar zusammmengeschossen wurden, so daß sie alsbald hinter den Höhenrand zurückweichen mußten.

Kaum hatten sich ihre Trümmer bei den übrigen Kompagnien des 1. Bataillons gesammelt, als das Bataillon sich auf die Parkmauer stürzte, wiederum ohne das Herankommen der übrigen Bataillone abzuwarten. 16 Offiziere, 311 Mann des Bataillons wurden sofort zusammengeschossen, die Trümmer mußten zurückweichen.

Jetzt kam das 2. Bataillon der Zuaven an, auch das Regiment Nr. 136 erreichte die vorderste Linie, ebenso I./107 und eine Freischaar, die Legion des amis de la France, weiter links erschienen die Mobilgarden der Seine et Marne, von welchen jedoch ein großer Theil in Reserve verblieb; noch weiter links trat das Regiment Morbihan auf. Von der Division Mattat überschritt nur das Regiment Nr. 107 die Marne, die drei übrigen Regimenter verblieben vorläufig auf dem rechten Marne=Ufer.

Glücklicherweise trafen gegen 4 Uhr 2 sächsische Infanterie=Munitionswagen bei Villiers ein, welche trotz des heftigsten Granatfeuers sofort in den Park hineingefahren wurden, so daß die Besatzung des Parkes sehr zur rechten Zeit ihre Munition ergänzen konnte, nachdem sie bei der Abweisung des französischen Angriffs um 2 Uhr ihre letzten Patronen verschossen hatte.

Eingreifen des Generals Ducrot.

Sobald die Franzosen den Höhenrand erstiegen hatten, warf sich die ganze erste Linie derselben auf die Parkmauer von Villiers. Zu dieser Zeit kam General Ducrot auf dem Kampfplatze an; er warf so=

fort 2 Bataillone Regiments Nr. 126 und 2 Bataillone Regiments 119, die er unterwegs getroffen hatte, vorwärts gegen die Parkmauer. Eine Batterie der Division Bellemare und 2 Batterien, welche General Ducrot herbeigezogen hatte, unterstützten den Angriff; letztere beiden Batterien gingen sogar auf 400 m an die Parkmauer heran.

Der Ansturm der Franzosen war heftiger, als die vorangegangenen Stürme. Indessen das kaltblütige Feuer der Parkbesatzung wies auch diesen Angriff zurück. Die deutsche Artillerie wirkte dabei auf das Kräftigste mit, sowohl die sechs sächsischen Batterien zwischen Noisy und Villiers, als die vier württembergischen Batterien zwischen Villiers und dem Jägerhofe. Die 4. schwere sächsische Batterie war um 4½ Uhr aus dem Parke von Villiers abmarschirt und hatte sich der Artillerielinie zwischen Noisy und Villiers angeschlossen.

Die Wirkung der deutschen Batterien war mörderisch, man kannte die Entfernungen genau, wohl jede Granate traf. Die 1. schwere württembergische Batterie flankirte dabei die Franzosen von der Höhe des Jägerhauses her und erzielte besonders günstige Ergebnisse.

Aller Heldenmuth der Franzosen war vergebens, sie wurden furchtbar zusammengeschossen, verloren mehr als 600 Mann und wichen wieder hinter die schützenden Thalhänge zurück, um an diesem Tage nicht wieder vorwärts zu gehen.

Kampf am Eisenbahndamm.

Auch am Eisenbahndamm wurde sehr heftig gefochten. Die 2. leichte württembergische Batterie mußte sich der Franzosen mit Kartätschen erwehren. Als aber das Feuer der deutschen Infanterie und die Kartätschen den Feind zum Stehen gebracht hatten, gingen I./104, 2 Züge von 8./106 und die württembergische Kompagnie 7./1 mit Hurrah vor und warfen die Franzosen auch hier über den Thalrand zurück, wobei eine Menge Gefangener gemacht wurden.

Stellungen der Deutschen und Franzosen nach Beendigung der Schlacht.

Die Schlacht war zu Ende, ohne daß die zuletzt angekommenen deutschen Verstärkungen noch ins Gefecht kamen. Sächsischerseits waren um 2½ Uhr Nachmittags III./100 und II./108, um 4 Uhr I. und III./108 auf das linke Marne-Ufer entsendet worden. Alle vier Bataillone trafen in Gournay ein, von wo I. und II./108, sowie III./100 noch am späten Abende bis Noisy vorgezogen wurden.

Die Vorpostenlinie der Deutschen lief vom Jägerhause über den vor Coeuilly liegenden Höhenzug nach der Brücke, auf welcher der Weg

Chennevières—Bry die Eisenbahn nach Mülhausen überschreitet, dann längs des Höhenrandes vor dem Parke von Villiers, vorwärts der beiden Kirchhöfe, nach Noisy und bis zur Marne.

Die Franzosen hielten Champigny mit der Division Faron besetzt, hinter den Kalköfen stand die Division Malroy, nördlich der Eisenbahn die Division Berthaut, deren Vorposten jedoch bis zum Bois de la Lande reichten, die Division Maussion stellte die Verbindung mit der Division Bellemare her, welche in und vorwärts von Bry stand. Die Brigade Daubel der Division Mattat stand am weitesten nördlich, auf dem linken Ufer der Marne, die andere Brigade dieser Division und die Gruppe Reille verblieben auf dem rechten Marne-Ufer.

Ueberall begannen die Franzosen sofort, das Gelände künstlich zu verstärken.

Das Regiment Vendée befand sich in vollständig zerrüttetem Zustande und lagerte allein weit rückwärts der Division Faron. Bei der Division Bellemare war das Mobilgarden-Regiment Morbihan auch stark auseinandergekommen, so daß an seiner Stelle das Regiment Nr. 108 der Brigade Daubel vorgezogen werden mußte.

Verluste der Deutschen.

A. Sachsen.

		todt und verwundet	vermißt
Regt. Nr. 104. 10 Komp.	= 1700 Gew.	14 Off. 173 M.	20 M.
= = 106. 11 =	= 2200 =	14 = 348 =	1 Off. 64 =
= = 107. 12 =	= 1860 =	50 =	128 =
2. Reiter-Regiment . . .	. . .	5 =	
Artillerie	. . .	2 = 33 =	
Regiment Nr. 105	.	1 =	
Zusammen		30 Off. 610 M.	1 Off. 212 M.

B. Württemberger.

		todt und verwundet	vermißt
Regiment Nr. 1. 8 Komp.	= 1760 Gew.	17 Off. 375 M.	5 M.
= = 7. 8 =	= 1760 =	7 = 204 =	2 =
= = 5. 2 =	= 440 =	4 = 39 =	2 =
2. Jäger-Bataillon 4 =	= 880 =	6 = 119 =	1 =
4. Reiter-Regiment		2 =	
Artillerie		1 = 56 =	
Zusammen		35 Off. 795 M.	10 M.

Der Gesammtverlust der Deutschen betrug mithin 65 Offiziere, 1405 Mann todt und verwundet, 1 Offizier und 222 Mann vermißt. Wenn man den Verlust der wirklich ernsthaft ins Gefecht gekommenen Truppen berechnet, so kommt man zu folgenden Ergebnissen.

Es kamen sächsischerseits ernsthaft ins Gefecht:

10 Kompagnien Regiments Nr. 104	=	1700 Gewehre
8 " " Nr. 106	=	1600 "
5 " " Nr. 107	=	755 "
23 Kompagnien	=	4055 Gewehre.

Diese 23 Kompagnien verloren 29 Offiziere, 783 Mann oder 19,3 pCt. ihres Gefechtsstandes.

Württembergischerseits kamen ernsthaft ins Gefecht:

7²/₃ Kompagnien Regiments Nr. 1	=	1690 Gewehre
8 " " Nr. 7	=	1760 "
2 " " Nr. 5	=	440 "
3 Komp. Jäger-Bataillons Nr. 2	=	660 "
20²/₃ Kompagnien	=	4550 Gewehre.

Diese 20²/₃ Kompagnien verloren 34 Offiziere, 747 Mann oder 16,4 pCt. ihres Gefechtsstandes.

Verluste der Franzosen.

Der Verlust der Franzosen in der Schlacht vom 30. November ist nicht festgestellt. Ducrot macht nur sehr summarische Angaben, für den ersten Hauptangriff auf den Park von Villiers 500 Mann; für den Angriff am Eisenbahndamm mehr als 400 Mann; für den großen Angriff auf Coeuilly mehr als 2000 Mann; für den Angriff des 1. Zuaven-Bataillons auf Villiers 16 Offiziere, 311 Mann; für den Hauptangriff der Division Bellemare auf Villiers mehr als 600 Mann. Hierzu würden die Verluste der Artillerie und diejenigen Verluste treten, welche die Franzosen außerhalb der von Ducrot erwähnten Gefechtsmomente erlitten haben.

Man wird daher den Gesammtverlust der Franzosen in der Schlacht vom 30. November auf 5000 bis 6000 Todte und Verwundete und etwa 400 bis 500 unverwundete Gefangene schätzen können.

Munitionsverbrauch der deutschen Artillerie.

Der Munitionsverbrauch der deutschen Artillerie stellt sich wie folgt:
12 württemb. gez. 6=Pfünder verbrauchten 867 Granaten,
18 sächsische   =   =   =   236   = , 54 Schrapnels,

30 gezogene   6=Pfünder verbrauchten 1103 Granaten, 54 Schrapnels.

18 württemb. gez. 4=Pfünder verbrauchten 1737 Granaten, 70 Brandgra=
naten, 8 Kartätschen,
18 sächsische   =   =   =   776 Granaten, 115 Schrapnels,

36 gezogene 4=Pfünder verbrauchten 2513 Granaten, 70 Brandgranaten,
8 Kartätschen, 115 Schrapnels.

66 deutsche Geschütze verbrauchten mithin
3616 Granaten,
70 Brandgranaten,
169 Schrapnels,
8 Kartätschen.

3863 Kanonenschüsse.

Sonnenaufgang   am 30. November 7 Uhr 48 Minuten früh,
Sonnenuntergang = 30.   =   3 = 49 = Abends.

Wir legen gerade auf diese Angaben besonderen Werth, denn nur sehr Wenige haben annähernd genau im Kopfe, wann an einem be= stimmten Tage die Sonne auf= bezw. untergeht. Man kommt aber zu richtigen Betrachtungen über taktische Dinge nur dann, wenn man sich die Beleuchtungsverhältnisse klar macht. Eine Schlacht am 30. No= vember kann nur während rund 8 Stunden bei leidlicher Helle geschlagen werden, am 30. Juni kann man auf 17 Stunden Tageshelle rechnen. In einem Vergleiche dieser Unterschiede liegt sehr viel Beachtenswerthes, wir machen daher besonders darauf aufmerksam, daß die Franzosen für ihren Durchbruchsversuch nur 8 Stunden Zeit hatten.

Das Wetter war am 30. November ziemlich günstig. In der Nacht zum 1. Dezember trat empfindlicher Frost ein, so daß der Boden hart gefror. Für die unter freiem Himmel biwakirenden Franzosen ergaben sich daraus manche Mißstände, auf welche wir späterhin näher eingehen werden.

Betrachtungen über die Schlacht vom 30. November.

1. Die französischen Armeekorps Nr. 1 und 2 zählten am 30. November 36150 Gewehre und 162 Geschütze, der verfügbare Entwickelungsraum vom Kirchhofe von Bry bis zur Marne südlich des Jägerhauses betrug höchstens 4000 m. Rechnet man nun für die 162 Geschütze etwa 1600 m Entwickelungsraum ab, was gewiß nicht viel ist, so verbleiben noch 2400 m für die Infanterie, d. h. es kamen also rund 15 Gewehre auf den Meter.

Als dann am Nachmittage auch noch 30 Geschütze und etwa 11000 Gewehre des 3. Armeekorps auf denselben Entwickelungsraum angewiesen wurden, verdichteten sich die Massen der Franzosen noch viel mehr. Die naturgemäße Folge davon war, daß die Verluste der Franzosen außerordentlich groß wurden.

Würde das 3. französische Armeekorps planmäßig in die Schlacht eingegriffen haben, dann hätte sich freilich der Entwickelungsraum um 1500 m erhöht; allein es hätten dann 53800 Gewehre und 252 Geschütze auf diesem Raume sich entwickeln müssen, selbst wenn die Gruppe Reille auf dem rechten Marne-Ufer verblieben wäre. Es würden dann nach Abrechnung des Entwickelungsraumes für die Artillerie nur 3000 m für die Infanterie übrig geblieben sein, d. h. es wären rund 18 Gewehre auf den Meter entfallen; das Verhältniß hätte sich also noch ungünstiger gestaltet.

Man muß nun erwägen, daß die Franzosen nach rückwärts nur sehr beschränkten Raum hinter sich hatten; bei Bry z. B. lag die Marne dicht hinter der französischen Stellung; die eigentliche Halbinsel von Joinville hatte nur etwa 3000 m Tiefe bei einer Breite von 2000 m. Diese Verhältnisse waren äußerst ungünstig für die Franzosen, dagegen sehr glücklich für die Deutschen, namentlich für die Feuerwirkung der letzteren. Auch die zu hoch gehenden Granaten bezw. Gewehrkugeln der Deutschen fanden noch immer ein Objekt, welches sie treffen konnten, selbst wenn dieses Objekt nicht sichtbar war.

2. Uebrigens sieht man bei der Schlacht vom 30. November wieder einmal den ewigen Widerstreit zwischen Theorie und Praxis. Die Theorie lehrt, daß bei einem großen Ausfalle aus einer Festung der Ausfallende den schweren Nachtheil hat, daß seine beiden Flanken vom Gegner umfaßt werden. Am 30. November wurden dagegen beide Flanken der Deutschen umfaßt und zwar besonders von der Artillerie des Mont d'Avron und von derjenigen der Halbinsel von St. Maur.

Allerdings ist der große Ausfall niemals über die Anfangsstadien hinausgekommen, nirgends ist die eigentliche Gefechtsstellung der Deutschen durchbrochen worden, sonst würde bei weiterem siegreichen Vorbringen der Franzosen auch in diesem Falle die Theorie Recht behalten haben, d. h. es wären beide Flanken der siegreichen Durchbruchsarmee den Flankenstößen der Deutschen ausgesetzt gewesen.

Jedenfalls war es eine besondere Gunst des Geländes, welche den Franzosen gestattete, die Gefechtsstellung der Deutschen mit ihrer schweren Festungs-Artillerie von beiden Flanken aus der Länge nach zu fassen. Ein weiterer großer Vortheil für die Franzosen war der Umstand, daß die Deutschen auf der einen Seite die Marne, auf der anderen die Seine zu überschreiten hatten, um die Stellung der württembergischen Division zu erreichen.

3. Die Schlacht vom 30. November lehrt aufs Neue, daß gute Truppen selbst in einer mittelmäßigen Vertheidigungsstellung eine ganz gewaltige Defensivkraft besitzen und fast unüberwindlich sind, so lange sie genügende Munition haben und ihre Flügel durch feindliche Infanterie nicht umfaßt werden können. Ein Frontalangriff gegen eine gut besetzte derartige Stellung ist gänzlich aussichtslos und kann nur gelingen, wenn die Artillerie des Angreifers den Vertheidiger völlig niedergekämpft und entmuthigt hat. Letzteres gelang den Franzosen nicht, obschon Hunderte von schweren Geschützen die deutsche Stellung ununterbrochen unter Feuer hielten und die französische Feld-Artillerie mit dem größten Heldenmuthe und sehr bedeutender Ueberlegenheit in der Front auftrat.

Der Heldenmuth der Sachsen und Württemberger hat eine schwere Probe glänzend bestanden, das kann nicht oft genug rühmend gesagt werden.

4. Es wäre wohl zweckmäßiger gewesen, wenn die Franzosen das Moment der Ueberraschung mehr ausgenutzt hätten und sofort nach Vertreibung des Bataillons I./107 aus Le Plant und Champigny mit großen Schützenmassen den weichenden Sachsen auf dem Fuße gefolgt wären. Es wäre dann vielleicht möglich geworden, an einer oder an mehreren Stellen die anfangs ja außerordentlich dünne Linie der Deutschen zu durchbrechen und von der Durchbruchsstelle aus auf die Flanken der Vertheidiger zu wirken, welche nun einmal stets die verwundbarsten Stellen bleiben werden.

5. Sehr rühmend hervorzuheben ist das Verhalten der 1. schweren württembergischen Batterie, welche trotz des gewaltigen Feuers der

französischen Artillerie die hinter Champigny stehenden französischen Reserven mit guter Wirkung beschoß.

6. Der Gegenstoß von vier Zügen Sachsen und zwei Kompagnien Württemberger gegen die Höhe 109 zeigt zwar die ganz richtige Erkenntniß des hohen Werthes, welchen offensive Rückschläge in einer Vertheidigungsschlacht besitzen, aber er wurde mit viel zu geringen Kräften unternommen und mußte daher scheitern. Bei aller Anerkennung des frischen offensiven Geistes, welcher den Entschluß zu diesem Angriffe bei den Sachsen und Württembergern zeitigte, müssen wir doch die Ausführung desselben für fehlerhaft erklären. Mit ungenügenden Kräften unternommen, konnte der Angriff nur unnütze Verluste herbeiführen, schwächte die ohnehin geringen Kräfte der Deutschen und barg sogar eine ernste Gefahr in sich, wenn die Franzosen energisch nachgedrungen wären.

Genau dasselbe gilt von dem Angriffe der vier württembergischen Kompagnien aus dem Parke von Coeuilly. Nur war hier die Gefahr für die Deutschen noch viel größer, denn der Park blieb eine Zeit lang ohne jede Besatzung. Den tapferen Württembergern gebührt die glänzendste Anerkennung für die vortreffliche Art, in welcher die furchtbar zusammengeschossenen Trümmer der vier Kompagnien sofort wieder die Parkmauer besetzten und dann mit unübertrefflicher Tapferkeit vertheidigten. Vom Standpunkte der Führung aus muß man aber diesen Gegenstoß entschieden verdammen.

7. Desto richtiger war aber das Verhalten der württembergischen Kompagnien bei dem Jägerhofe und ihr entschlossenes Eingreifen gegen die Flanke der anstürmenden französischen Massen. Die Wirkung des Flankenfeuers zeigte sich hier in erschreckender Weise. Der sofort folgende Flankenstoß brachte die Franzosen alsbald zur Flucht.

Hier war ein glänzender Erfolg zu verzeichnen, weil die Württemberger durchweg mit vollem taktischem Verständniß handelten.

Ebenso richtig war das Vorgehen der sechs Kompagnien Regiments Nr. 106 auf dem rechten Flügel der Sachsen, auch hier belohnte ein schöner Erfolg das richtige taktische Verständniß, mit welchem die Sachsen immer wieder die Flanke der Franzosen umfaßten. Das Endergebniß war die wilde Flucht der Franzosen und die Möglichkeit für die Sachsen, ihr Verfolgungsfeuer den Franzosen nachzusenden, ja sogar die Brücken von Bry für einige Zeit ganz zu veröden.

Auch der Kampf der wenigen Kompagnien der Deutschen am Eisenbahndamme und an den dort gelegenen Steinbrüchen verdient volle Anerkennung.

8. Das Verhalten der deutschen Artillerie ist über jedes Lob erhaben, wir brauchen daher nicht näher auf Einzelheiten zurückzukommen und begnügen uns damit, die Massenentfaltung von sechs Batterien hervorzuheben, welche gegen den letzten französischen Angriff zwischen Noisy und Villiers wirkten.

9. Die Franzosen haben einige Male mit großer Tapferkeit angegriffen; besonderes taktisches Geschick haben ihre Führer jedoch nirgends gezeigt. Wenn General Ducrot wirklich bei dem Angriffe der sechs Kompagnien sächsischen Regiments Nr. 106 seinen Säbel in dem Körper eines deutschen Soldaten zerbrochen hat, wie er Theil II, Seite 211 seines Werkes selbst erzählt, so spricht dies freilich sehr für seine persönliche Tapferkeit, beweist aber gleichzeitig, daß er über die Pflichten eines Armeeführers nur höchst unklare Vorstellungen gehabt haben kann.

Wenn ein General, welcher drei ganze Armeekorps unter seinem Kommando hat, für seine Person in der vordersten Schützenlinie sich aufhält, so ist dies unter allen Umständen falsch. Dort reicht sein Gesichtskreis nicht weiter, als der jedes Lieutenants; er kann also nur sehr wenig nützen, dagegen ungeheuer viel schaden, indem die wichtigsten Meldungen ihn nicht erreichen und er den Zusammenhang der großen Operationen unter solchen Umständen naturgemäß aus den Augen verlieren muß.

Das Verhalten des Generals b'Exéa hat auf den Mißerfolg des Durchbruchsversuchs der Franzosen einen unheilvollen Einfluß geübt. Ihm war die entscheidende Rolle zugedacht und gerade er zögerte in mehr als bedenklicher Weise. Allerdings spricht dies nicht für die Menschenkenntniß des Generals Ducrot; ein anderer General würde an Stelle b'Exéas energischer gehandelt haben. Weshalb stellte General Ducrot nicht den rechten Mann auf den rechten Platz, wie Kaiser Wilhelm I. dies stets so meisterhaft gethan hat?

Der ungestüme Angriff der Division Bellemare am Abend konnte das Zögern des Generals b'Exéa während des Vormittags nicht mehr gut machen, er vermehrte im Gegentheil nur die Verluste der Franzosen.

Daß General Faron Champigny räumen wollte, nachdem sein Angriff auf den Park von Coeuilly mit schweren Verlusten abgewiesen worden war, erscheint gleichfalls als ein großer Fehler.

10. Wir glauben, daß ein Gelingen des Durchbruchsversuches der Franzosen überhaupt nur unter der Bedingung möglich werden konnte,

daß entweder der rechte oder der linke Flügel der deutschen Stellung, besser noch alle beide Flügel, umfassend angegriffen werden konnten.

Der linke Flügel der Deutschen auf den Höhen von Chennevières konnte nur umfaßt werden, wenn zwischen Seine und Marne große französische Truppenmassen zum entscheidenden Angriff vorgingen, nicht aber bloß eine vereinzelte Division, wie wir dies gleich sehen werden.

Dagegen wäre es dem 3. französischen Armeekorps möglich gewesen, schon am Morgen die Brücken über die Marne zu schlagen und ohne Zögern den Uebergang auszuführen, um sofort Noisy anzugreifen und zu nehmen. Dies lag durchaus im Bereiche der Möglichkeit, denn die französische Artillerie konnte vom rechten Marne-Ufer her Noisy unter vernichtendes Feuer nehmen, auch fehlte es den Deutschen hier sehr an Streitkräften.

Nach der Wegnahme von Noisy aber wären die Deutschen in der rechten Flanke gefaßt worden, auch war dann ein Herbeiziehen von Verstärkungen vom rechten Marne-Ufer her angesichts der ernstlichen Bedrohung der Marne-Brücken nur schwer bezw. auf Umwegen denkbar. Aber es gehörte ein energischer, unternehmungslustiger General an die Spitze des 3. Armeekorps.

11. Einige Fälle bedenklichen Munitionsmangels der deutschen Infanterie glauben wir besonders hervorheben zu sollen.

Schon um 10½ Uhr früh mußten die württembergische Kompagnie 5./7 und ein Zug von 7./7 aus den Steinbrüchen am Eisenbahndamm zurückgehen, weil sie sich fast gänzlich verschossen hatten.

Gegen 11½ Uhr früh mußten auch die beiden anderen Züge von 7./7 aus dem gleichen Grunde zurückgenommen werden.

Als der Angriff der vier württembergischen Kompagnien aus dem Parke von Cœuilly gescheitert war, gelang es nur dadurch genügende Munition zur Abwehr des französischen Gegenangriffs rechtzeitig herbeizuschaffen, daß aus dem Munitionswagen Patronen auf Teppichen und Mänteln herangetragen bezw. den Tornistern der Gefallenen die Patronen entnommen wurden.

Das sächsische Bataillon I./104 befand sich in den Steinbrüchen am Eisenbahndamm während einer ganzen Stunde in großem Munitionsmangel; erst als der frisch gefüllte Munitionswagen des Bataillons ankam, besserte sich dies.

Gegen 4 Uhr Nachmittags kamen sehr zur rechten Zeit zwei sächsische Infanterie-Munitionswagen im Parke von Villiers an. Dieser glückliche Umstand ermöglichte es der Besatzung, ihre Munition zu ergänzen und den Angriff der französischen Division Bellemare blutig abzuweisen.

Immerhin geben diese Beispiele von Munitionsmangel zu denken. Es wird ja in einer Vertheidigungsstellung immer leichter sein, die Munition rechtzeitig zu ergänzen, indessen es müssen unter allen Umständen zweckentsprechende Maßregeln getroffen werden, um die Truppen jederzeit mit genügender Munition schnell und sicher versorgen zu können.

Das Gefecht am Mont Mesly.

Der Angriff der französischen Division Susbielle auf den Mont Mesly.

Stellung der 2. und 3. württembergischen Brigade.

Wir wenden uns jetzt zu dem Kampfe am Mont Mesly.

Der Abschnitt Ormesson—Choisy le Roi war seit dem 18. November von der 2. und 3. württembergischen Brigade besetzt, nachdem die 3. preußische Division, welche seit dem 9. November hier gestanden hatte, am 18. November auf das linke Seine-Ufer verlegt worden war.

Die Vertheidigungslinie der Deutschen lief hier von Choisy le Roi über den Carrefour Pompadour, den Mont Mesly, Bonneuil nach Ormesson und war am 30. November früh folgendermaßen besetzt:

In Bonneuil stand das Bataillon II./2, in der Ferme de l'Hôpital lagen 1. 2. 3./3, während 4./3 auf dem Mont Mesly bezw. in Mesly Stellung genommen hatte. Bei Carrefour Pompadour befand sich 6./3, nördlich von Choisy le Roi 5./3. Um 8 Uhr früh versammelten sich hinter diesen Vortruppen die 2. württembergische Brigade bei Sucy en Brie, die 3. württembergische Brigade bei Brévannes, die 7. preußische Brigade bei Valenton.

Maßregeln der Franzosen.

Französischerseits war die Division Susbielle des 2. Armeekorps am 30. November früh 3 Uhr nach Port Créteil aufgebrochen, hatte die Marne auf einer Schiffbrücke bei der alten Mühle von Port Créteil überschritten und sich gegen 6 Uhr früh hinter dem Dorfe Créteil versammelt. Eine nicht mobilisirte gezogene 12-Pfünder-Batterie wurde im Parke des Erzbischofs in Créteil aufgestellt, die Mobilgarden-Brigade des Generals Ribourt besetzte im Laufe des Vormittags Créteil, während andere Mobilgarden-Bataillone Maisons Alfort besetzt hielten. Es befanden sich übrigens auch noch anderweitige französische Truppen in dem Abschnitte von Créteil, so z. B. das Regiment Nr. 128, wie aus dem historique dieses Regiments hervorgeht.

Vorbereitung des französischen Angriffs.

Etwa um 7½ Uhr früh begannen die Franzosen das Feuer ihrer schweren Festungs-Artillerie gegen Mesly, den Mont Mesly und Bonneuil, und zwar die schweren Batterien von Créteil, von Maisons Alfort, dem Fort Charenton, der Redoute von Gravelle und zwei Batterien der Armee-Reserve-Artillerie, welche dem General Favé auf der Halbinsel von St. Maur zur Verfügung gestellt waren (die gezogene 12-Pfünder-Batterie 16./15 bei der Brücke von Créteil, die gezogene 4-Pfünder-Batterie 16./7 bei der Kirche von Adamville); endlich die beiden gezogenen 4-Pfünder-Batterien der Division Susbielle in einer Stellung rechts von Créteil.

Gleichzeitig feuerten vom linken Seine-Ufer her das Fort Ivry und die Batterie der Redoute du Bord de l'eau gegen die Brücke von Choisy le Roi.

Angriff der Division Susbielle.

Um 9 Uhr früh, also nach einer 1½ stündigen Beschießung der deutschen Stellung durch Massenfeuer der französischen Artillerie, begann die Division Susbielle den Angriff. I./117 sollte östlich der Straße nach Basel vorgehen, II./117 längs dieser Straße, III./117 gegen den Mont Mesly. III./118 sollte die vor Mesly gelegenen Gehöfte besetzen, sich dann links ziehen und den Mont Mesly von der Flanke her angreifen, II./118 Mesly wegnehmen. I./118 folgte als Reserve.

Eine gezogene 4-Pfünder-Batterie sollte Regiment Nr. 118 begleiten, die andere 4-Pfünder-Batterie und die Mitrailleusen-Batterie der Division Susbielle bei der Ferme des Mèches stehen bleiben; die Regimenter Nr. 115 und 116 hatten als Reserve in der Höhe des Parkes des Erzbischofs Stellung zu nehmen.

Die schwachen Vorposten der Württemberger mußten vor dem ungestümen Angriff der sechs französischen Bataillone weichen. Auf dem Mont Mesly behauptete sich jedoch der eine einzige dort stehende Zug von 4./3, unterstützt von der aus Bonneuil herbeieilenden Kompagnie 5./2 lange Zeit auf das Standhafteste; während die Handvoll Württemberger, welche Mesly besetzt hielt, diesen Ort ohne eigentlichen Kampf aufgab.

Indessen mußte schließlich auch der Mont Mesly den Franzosen überlassen werden, welche ihn mit III./117 und III./118 angriffen. Einige Kompagnien von III./117 folgten den Württembergern über den Mont Mesly und griffen die Gehöfte an, welche an der Gabelung der Straße Bonneuil—Choisy und der großen Straße nach Basel lagen. Hier aber geriethen die Franzosen in das Flankenfeuer der Vertheidiger der Parkmauer von Bonneuil und mußten schleunigst wieder Kehrt machen.

II./117 war unterdessen gegen die Parkmauer von Bonneuil vorgegangen, unterstützt von III./118, welches letztere Bataillon auf dem Mont Mesly durch I./118 ersetzt wurde. Aber alle Angriffe gegen die Parkmauer scheiterten, obschon die Franzosen bis auf wenige Schritte an dieselbe herankamen und nur durch die Breite der großen Straße von den Vertheidigern getrennt waren.

Dagegen scheiterte ein Vorstoß der Württemberger, welchen 1. 3./3 und Theile von 4./3 von der Ferme de l'Hôpital her unternahmen. Die Franzosen folgten in dieser Richtung bis in das mittlere der drei kleinen, am Wege Mesly—Valenton gelegenen Gehölze. Hier aber geriethen sie in das Feuer der 7. und 8. leichten württembergischen Batterien, sowie der 5. leichten Batterie des 2. preußischen Armeekorps, welche zu beiden Seiten von Valenton aufgefahren waren.

Das Gefecht kommt zum Stehen.

Die Franzosen befestigten sofort Mesly und den Mont Mesly, befanden sich jedoch in einer kritischen Lage, da auf dem linken Seine-Ufer alles ruhig blieb, der Park von Bonneuil nicht genommen werden konnte und in der Front deutlich wahrnehmbar wurde, daß die deutschen Reserven sich zum Gegenstoße anschickten. Dazu kam, daß die Mobilgarden-Brigade Ribourt erst jetzt in Créteil erschien, welches bis dahin von sehr unzuverlässigen Marsch-Bataillonen der Nationalgarde (den Tirailleurs de Belleville und dem 147. Bataillon de guerre der Nationalgarde) besetzt gehalten worden war.

Sobald aber die Brigade Ribourt die Ablösung der Nationalgarden vornahm, wurde die Brigade La Charrière vorgezogen, nur III./115 und III./116 blieben als Reserve in dem großen Laufgraben des erzbischöflichen Parkes zurück.

I. und II./115 drangen bis in die beiden vordersten Gehölze am Wege Mesly—Valenton vor, wie bereits erwähnt wurde, und besetzten außerdem die Straße Choisy—Le Piple Château, während I. und II./116 auf den Hängen des Mont Mesly vorgingen.

Eingreifen der deutschen Reserven.

Württembergischerseits waren unterdessen I./2, das 3. Jäger=Bataillon und die 5. leichte Batterie von Sucy en Brie aus vorgegangen und hatten 1. 2. 3./2 und die 2. Kompagnie des 3. Jäger=Bataillons gegen den Mont Mesly entsandt. Im Park von Brévannes fuhr die 4. leichte württembergische Batterie auf und erleichterte durch ihr Feuer das Vorgehen dieser vier Kompagnien, welche bis zum Fuße des Mont Mesly vordrangen.

Ein Theil der dort kämpfenden Franzosen wandte sich bereits zur Flucht, als die beiden Bataillone Regiments Nr. 116 erschienen und die Württemberger bis südlich von Bonneuil zurückwarfen. Ein Vorstoß der Besatzung des Parkes von Bonneuil hatte ebenfalls keinen Erfolg, es gelang vielmehr den Franzosen, die nördliche Parkmauer zu erobern. Zum Glück verhinderten die noch verfügbaren Theile der 2. württem=bergischen Brigade ein weiteres Vorbringen der Franzosen.

I./2 und das 3. Jäger=Bataillon führten nun ein stehendes Feuer=gefecht im Parke von Bonneuil und am Wege Bonneuil—Valenton, während II./2 aus dem Gefecht zurückgenommen wurde, nachdem es seine Munition fast ganz verschossen hatte.

Stellungen der Deutschen gegen 11 Uhr früh.

Gegen 11 Uhr früh nahmen die Deutschen folgende Stellungen ein:

In Bonneuil befanden sich 4./2, die Kompagnien 1. 3. 4. des 3. Jäger=Bataillons, dahinter II./2. Am Wege Bonneuil—Valenton standen 1. 2. 3./2 und die 2. Kompagnie des 3. Jäger=Bataillons.

Im Bois de Brévannes befanden sich 7. 8./3, 1. 2./8, und die 4. leichte württembergische Batterie.

Oestlich von Valenton war die 8. leichte württembergische Batterie aufgefahren; in Valenton selbst standen F./49 und die 7. leichte württem=bergische Batterie, westlich von Valenton I. und II./49, II. und F./9 und die 5. leichte Batterie des 2. preußischen Armeekorps.

Offensive der Deutschen.

Nach 11 Uhr früh gingen Theile der 7. preußischen Brigade zum Gegenangriff vor, im ersten Treffen 6./9 und 9. 10./49, dahinter 7./9, in Reserve 5. 8./9 und zwar gegen das mittlere Wäldchen am Wege Mesly—Valenton. Dieses Gehölz war französischerseits von zwei Kompagnien I./115 besetzt, wurde jedoch nunmehr erstürmt; die Franzosen flohen und wurden dabei von vier Zügen württembergischer Reiter 1. und 3. Regiments attackirt, so daß ihnen der Rückzug verlegt wurde. Ein Theil der Franzosen wurde niedergehauen, 6 Offiziere, 141 Mann wurden gefangen genommen.

Jetzt entwickelte sich F./9 gegen Mesly, im ersten Treffen 9. 12./9, im zweiten 10. 11./9. Diesem Angriff schlossen sich 6./9 und 9./49 an, während 5. 7. 8./9 und 10./49 sich gegen den Mont Mesly wandten, 11. 12./49 den Park von Valenton besetzt hielten. I./49 bedrohte die rechte Flanke der Vertheidiger von Mesly, gleichzeitig brachen 1. 2. 3./3 von der Ferme de l'Hôpital aus vor.

Die französischen Bataillone I. und II./115 waren inzwischen zurückgegangen und hinter dem Regiment Nr. 116 weg nach dem linken französischen Flügel marschirt, um hier die sehr bedrohte Gefechtslage wiederherzustellen. III./115 hatte Mesly besetzt und vertheidigte es jetzt bis zum Aeußersten. Erst kurz vor dem Einbruch der deutschen Sturmkolonnen zog das französische Bataillon ab, die Deutschen folgten auf dem Fuße, eroberten das Dorf und gingen bis zu den nördlich desselben angelegten Schützengräben vor.

Wiedereroberung des Mont Mesly.

Weiter rechts waren unterdessen II./8, Theile von I./2 und vom 3. Jäger-Bataillon von Bonneuil bezw. von Brévannes aus vorgebrochen und hatten den Mont Mesly aufs Neue angegriffen. Hier hatten die Franzosen zwei gezogene 4-Pfünder aufgestellt, das eine Geschütz war aber beim Auffahren demontirt worden, nur mit großer Mühe gelang es den Franzosen, die beiden Geschütze zu retten.

Vergeblich versuchten die Franzosen auf dem Mont Mesly noch einmal die Offensive zu ergreifen; das Feuer der Deutschen schmetterte sie zusammen, sie mußten weichen, und der Mont Mesly wurde nunmehr von den Württembergern wieder erstürmt, wobei die preußischen Kompagnien von Südwesten her mithalfen.

Die Franzosen waren jetzt auf der ganzen Linie geschlagen und traten endgültig den Rückzug an, wobei ihnen die 5. leichte württembergische Batterie noch einige Granaten nachsandte.

Munitionsverbrauch und Verluste.

Die Württemberger verbrauchten 712 Granaten und 148 Brandgranaten, zusammen 860 Schuß; der Munitionsverbrauch der 5. leichten Batterie 2. preußischen Armeekorps ist leider nicht bekannt.

Die Division Susbielle verlor 54 Offiziere, 1182 Mann, davon entfallen 52 Offiziere, 1163 Mann auf die Infanterie. Regiment Nr. 115 verlor 21,5 Prozent, Regiment Nr. 117 etwas über 27 Prozent seiner Gefechtsstärke.

Die Württemberger verloren 16 Offiziere, 280 Mann, davon entfallen 2 Offiziere, 8 Mann auf die Reiterei, welche außerdem 26 Pferde verlor.

Die preußischen Regimenter Nr. 9 und 49 verloren 3 Offiziere, 52 Mann.

Der Gesammtverlust der Deutschen betrug 19 Offiziere, 332 Mann, davon entfallen auf die Infanterie 17 Offiziere, 324 Mann, auf die Kavallerie 2 Offiziere, 8 Mann.

Lage nach Beendigung des Gefechts.

Das Gefecht war schon gegen 1½ Uhr Nachmittags zu Ende, und ließ sich schon zu dieser Zeit deutlich übersehen, daß zwischen der Seine und der Marne auf der Einschließungslinie der 2. und 3. württembergischen Brigade eine ernste Gefahr nicht mehr drohte. Es konnten also Verstärkungen nach dem Schlachtfelde von Villiers—Coeuilly abgesandt werden, und wir haben bereits gesehen, daß 1. 2. und II./5, I./8, das 1. württembergische Jäger-Bataillon und zwei württembergische Batterien theils sehr wirksam in den Kampf am Jägerhofe eingriffen, theils als Reserven für diesen Kampf verwendbar blieben.

Ausfall gegen das 6. preußische Armeekorps.

Sonderbarerweise blieben am 30. November Vormittags die Franzosen den Stellungen des 6. Armeekorps gegenüber völlig unthätig. General Vinoy war von dem Angriff der Division Susbielle nicht benachrichtigt worden (auch wieder eine unbegreifliche Nachlässigkeit der

Franzosen, wenn nicht persönliche Gereiztheit zwischen den Generalen Ducrot und Vinoy hier vielleicht eine Rolle gespielt hat), er bemerkte den Kampf um den Mont Mesly erst, als er vom Observatorium des Forts Jvry aus die französischen Truppen in scharfem Gefechte sah.

Durch eine nach dieser Richtung ausgeführte Erkundung erfuhr General Vinoy erst, daß die Division Susbielle den Mont Mesly und Bonneuil angegriffen habe. Dies alles konnte sich in Paris ereignen, obschon alle Forts telegraphisch untereinander bezw. mit dem französischen Hauptquartier verbunden waren und trotz der umständlichsten Befehle, welche für jeden Ausfall französischerseits im Voraus erlassen wurden.

General Vinoy gab nun sofort die nöthigen Befehle, um den Kampf oder richtiger den Rückzug der Division Susbielle thunlichst zu unterstützen. Admiral Pothuau sollte mit zwei Marine-Kompagnien das Gehöft Gare aux boeufs angreifen, zwei Kompagnien Marine-Infanterie in Reserve folgen. Die Brigade Blaise sollte Thiais und den Wasserthurm bedrohen, die Mobilgarden-Brigade Champion auf der Straße von Vitry vordringen.

Die französischen Batterien der Redouten de la Pépinière und der Eisenbahnbrücke, das Fort Jvry, die schwimmenden Batterien auf der Seine und zwei mit Geschützen ausgerüstete gepanzerte Eisenbahnwagen überschütteten Thiais und Choisy mit Granaten. Eine gezogene 12-Pfünder-Batterie fuhr bis auf 400 m an Choisy heran.

Gegen 1½ Uhr Nachmittags begann der Angriff, also zu einer Zeit, in welcher das Gefecht vom Mont Mesly bereits gänzlich zu Ungunsten der Franzosen entschieden worden war. Die Marinetruppen warfen die schwachen preußischen Vorposten aus dem Bahnhofe (Gare aux boeufs) zurück; der Angriff der Mobilgarden auf der Straße von Vitry scheiterte jedoch, ebenso wenig konnte die Besatzung des Wasserthurms, die 4. Kompagnie Jäger-Bataillons Nr. 6, aus demselben vertrieben werden. Die Kanonenboote wurden durch zwei am Ufer der Seine aufgefahrene gezogene 6-Pfünder am Vordringen verhindert.

Da inzwischen die Niederlage der Division Susbielle deutlich erkennbar wurde, gab General Vinoy sehr verständigerweise den Befehl zum Rückzuge.

Eine französische Feld-Batterie, welche westlich von Villejuif zur Deckung des Abzuges der Brigade Blaise in Thätigkeit trat, wurde durch die 5. leichte Batterie des 6. Armeekorps zum Abfahren gezwungen.

5*

Nachdem das Gehöft Gare aux boeufs von den Franzosen geräumt worden war, sprengten die Preußen in der Nacht zum 1. Dezember die Gebäude des Bahnhofs in die Luft.

Der Verlust des 6. Armeekorps in diesen nicht besonders ernsten Vorpostengefechten betrug 5 Offiziere, 58 Mann; derjenige der Franzosen etwa 100 Mann, darunter 3 Offiziere todt.

Einen Einfluß auf den Gang der Ereignisse haben die Unternehmungen des Generals Vinoy in keiner Weise geäußert, insbesondere sind dadurch die Kräfte des 6. preußischen Armeekorps durchaus nicht gefesselt worden. Dieses Korps vermochte vielmehr aus eigenem Antrieb eine starke gemischte Brigade zur Unterstützung der Württemberger bereit zu stellen, deren Eingreifen in den Kampf jedoch nicht mehr nothwendig wurde.

Ausfall gegen Epinay.
Vorbereitung des Ausfalls.

Im Norden von Paris wurden am 30. November die befohlenen Demonstrationen ausgeführt.

Zunächst marschirte am Vormittag die Brigade Lavoignet, unterstützt durch die Kavallerie-Division Bertin de Vaux, auf Drancy und Groslay ferme, vorwärts vom Fort Aubervilliers, besetzte diese Oertlichkeiten und nahm eine abwartende Stellung gegenüber dem Gardekorps ein.

Um 2 Uhr Nachmittags eröffneten das Fort de la Briche, die schwimmende Batterie Nr. 4 auf der Seine und eine auf dem rechten Seine-Ufer aufgestellte gezogene 4-Pfünder-Batterie ein überaus heftiges Granatfeuer gegen das Dorf Epinay. Hier befanden sich auf Vorposten die preußischen Kompagnien 5. 6./71, nördlich von Epinay 9./31 des 4. Armeekorps.

Die preußischen Vorposten wurden mit einem derartigen Hagel von Granaten überschüttet, daß sich der an der Seine befindliche Unteroffizierposten und die Nachbarfeldwache von 6./71 gezwungen sahen, ihre gewöhnlichen Stellungen zu verlassen und in den dafür hergerichteten bombensicheren Deckungen Schutz zu suchen. Leider unterließen die Befehlshaber der betreffenden Abtheilungen, ihre Doppelposten von der veränderten Aufstellung zu benachrichtigen.

Wegnahme des Dorfes Epinay durch die Franzosen.

Französischerseits gingen nach halbstündiger Dauer der äußerst heftigen Beschießung zwei Kompagnien Marine-Füsiliere auf dem längs des Seine-Ufers führenden Wege gegen Epinay vor, während Regiment Nr. 135 und die Mobilgarden-Bataillone der Seine Nr. I., II. und X. das Dorf in der Front angriffen.

Die preußischen Doppelposten bemerkten wohl das Vorbringen starker französischer Truppenabtheilungen, wollten dieses Ereigniß auch melden, fanden aber die Feldwache nicht, und so gelang es den französischen Marine-Füsilieren, ohne eigentlichen Kampf in das Dorf einzubringen und den größten Theil der Feldwache gefangen zu nehmen.

Gleichzeitig drangen auch Regiment Nr. 135 und die Mobilgarden der Seine in der Front vor. Die beiden preußischen Vorposten-Kompagnien mußten, in Front und Flanke angegriffen, der gewaltigen Uebermacht weichen, jedoch vermochte die Kompagnie 5./71 einige hinter dem Mühlgraben gelegene Gehöfte dauernd zu behaupten.

Die nördlich von Epinay stehende Kompagnie 9./31 griff zwar in das Gefecht ein, erhielt aber bald Rückenfeuer und mußte ihrerseits zurückgehen.

Als bereits der größte Theil des Dorfes von den Franzosen erobert war, erschienen 9. 12./71. Indessen hatten die Franzosen sich bereits mit der ihnen eigenen Gewandtheit in den Gehöften eingenistet und dieselben zur Vertheidigung eingerichtet. Bei der großen Uebermacht des Gegners vermochten daher auch die beiden frischen preußischen Kompagnien nichts auszurichten und mußten zurückgehen. Um 3 Uhr war ganz Epinay im Besitz der Franzosen, nur die jenseits des Mühlengrabens von 5./71 behaupteten Gehöfte machten hiervon eine Ausnahme.

Wiedereroberung des Dorfes Epinay durch die Preußen.

Nun aber entwickelte das 4. Armeekorps drei Batterien auf dem Mont Orgemont, zwei Batterien bei St. Gratien, zwei weitere Batterien bei Montmorency, im Ganzen 42 Geschütze, 18 gezogene 4-Pfünder und 24 gezogene 6-Pfünder, welche zur Vorbereitung des Gegenstoßes der Preußen ein wirksames Feuer eröffneten.

Dieser Gegenstoß wurde von Hause aus mit genügenden Kräften unternommen, welche zwar nicht überall gleichzeitig, dafür aber von verschiedenen Seiten her vorgingen und untereinander im Zusammenhange blieben.

Ein durchgreifender Erfolg wurde erzielt.

Auf dem rechten Flügel der Preußen gingen an der Straße von Sannois 8. 10./31 vor, mit ihnen Theile von 9./31 und von 9. 12./71; in der Mitte von Enghien her 1. 2. 4./71, der Rest von 6./71 und Theile von 9./31; auf dem linken Flügel 1. 2./26. Gegen 3½ Uhr wurde auch 7./31 nach Epinay vorgesendet. Einschließlich der zuerst in den Kampf verwickelten Kompagnien fochten also jetzt dreizehn preußische Kompagnien, sieben des Regiments Nr. 71, vier des Regiments Nr. 31, zwei des Regiments Nr. 26.

Um 4 Uhr erschien ein Adjutant des Vizeadmirals La Roncière le Noury bei dem General Hanrion, welcher letztere den Ausfall gegen Epinay leitete, und brachte ihm den Befehl, Epinay wieder zu räumen und nach St. Denis zurück zu marschiren. Es scheint also die Ausführung dieses Befehls den Preußen die Wiedereroberung des Dorfes erleichtert zu haben.

Die Zeitangaben stimmen wie gewöhnlich nicht überein. Das Generalstabswerk sagt, Epinay sei gegen 4 Uhr Nachmittags wieder im Besitze der Preußen gewesen, die Regimentsgeschichten geben für diesen Termin 5 Uhr, sogar 5½ Uhr an.

Jedenfalls mußten die Preußen einen erbitterten, blutigen Häuser=kampf durchfechten, und gelang die Eroberung des Dorfes erst nach Ueberwältigung eines hartnäckigen Widerstandes der Franzosen. Das Einbringen der Preußen in das Dorf hat also wahrscheinlich vor dem Eintreffen jenes Rückzugsbefehles stattgefunden, der Erfolg der Preußen ist wesentlich ihren zweckmäßigen Maßregeln und ihrer Tapferkeit zu verdanken, wenngleich die allmälig beginnende Ausführung jenes Rück=zugsbefehls seitens der Franzosen günstig eingewirkt haben mag.

Verluste.

Die Verluste der Preußen betrugen:

	Todt und verwundet.	Vermißt.
Regiment Nr. 31	7 Offiziere, 74 Mann,	
= Nr. 71	9 = 123 =	1 Offizier, 72 Mann,
= Nr. 26	2 = 24 =	
Sonstige Truppen	2 = 2 =	
Zusammen	20 Offiziere, 223 Mann,	1 Offizier, 72 Mann,

= 21 Offiziere, 295 Mann.

Die sieben Kompagnien Regiments Nr. 71 verbrauchten 13 588 Patronen.

Die Franzosen geben ihre Verluste an auf:
3 Offiziere, 33 Mann todt,
19 " 218 " verwundet.

Ueber Vermißte fehlt wieder einmal jede Angabe, obschon die Zahl derselben recht bedeutend war, da 2 Offiziere, 18 Mann Franzosen verwundet und mehr als 100 Mann unverwundet gefangen genommen wurden.

Der Gesammtverlust der Franzosen wird daher in runden Zahlen auf 24 Offiziere, 270 Mann todt und verwundet, 100 Mann gefangen beziffert werden dürfen.

Irgend welchen Einfluß auf den Gang der Ereignisse hatte dieses unnütze Blutvergießen ganz und gar nicht.

Demonstrationen gegen das 5. preußische Armeekorps.

Gegen das 5. preußische Armeekorps unternahmen die Franzosen vom Mont Valérien aus völlig energielose Demonstrationen, welche den preußischen Truppen nur einen Verlust von 7 Mann eintrugen, während die Franzosen angeblich etwa 30 Mann verloren haben sollen.

Militärische Betrachtungen über die Demonstrationen der Franzosen am 30. November.

Wenn man die Operationen überblickt, welche die Franzosen am 30. November zur Unterstützung des großen Durchbruchsversuches unternahmen, so kommt man zu einem für die Franzosen recht ungünstigen Ergebniß.

Diese demonstrativen Operationen konnten doch nur den Zweck haben, die Deutschen zu täuschen und sie daran zu hindern, auf das eigentliche Schlachtfeld Unterstützungen zu senden.

Weder das Eine, noch das Andere wurde jedoch erreicht.

Der Gedanke, mit starken Kräften gegen den Mont Mesly und Bonneuil vorzugehen, erscheint uns durchaus richtig. Allein man mußte hierzu auch wirklich starke Kräfte verwenden, nicht aber eine einzige Division.

Wir glauben, daß General Trochu richtig gehandelt haben würde, wenn er seine sämmtlichen verfügbaren Linientruppen und die besten

Theile der Mobilgarden auf das eigentliche Schlachtfeld geworfen hätte. Die Besorgniß vor einem Sturmversuche der Deutschen mußte am 30. November endgültig geschwunden sein.

Warum verwendete man nicht die Division Maub'huy, die drei Linien=Regimenter des Armeekorps von St. Denis, sowie die sonst noch Ende November verfügbaren Regimenter Nr. 128, 137, 139 und die Jäger=Bataillone Nr. 21, 22 für den entscheidenden Kampf zwischen Seine und Marne?

Man besaß ferner 12 Marine=Bataillone, 4 Marine=Infanterie= Bataillone und 1 Marine=Füsilier=Regiment mit rund 13 000 Mann Kopfstärke. Dies waren durchweg vorzügliche Truppen; rechnet man nun auch mehr als die Hälfte für die Bedienung der Festungs=Artillerie in den Forts und schweren Batterien ab, so konnte man doch immerhin 6000 Mann Marinetruppen als mobile Infanterie verwenden. Weshalb geschah dies nicht?

Wir haben die Stärke der 2. Pariser Armee einschließlich der Division Maub'huy zu 75 350 Gewehren berechnet; gab man den noch verfügbaren 6 Linien=Regimentern je ein Mobilgarden=Regiment bei, so konnte man aus diesen Truppen drei weitere Divisionen formiren, welche selbst ohne die beiden Jäger=Bataillone 27 000 Gewehre gezählt hätten, außerdem noch durch 6000 vortreffliche Marinesoldaten verstärkt werden konnten. Um den neuformirten Divisionen mehr Halt zu geben, konnte man diese 6000 Marinesoldaten gleichmäßig auf dieselben vertheilen, wo= durch jede Division auf 11 000 Gewehre gekommen wäre.

Wir denken uns dann die Verwendung der Ausfallsarmee wie folgt:

Auf dem linken Flügel der Franzosen mußten zwei neuformirte Divisionen vom Mont b'Avron her gegen Chelles und Gournay zum Angriff vorgehen, um die Sachsen hier zu fesseln und ein Entsenden sächsischer Truppen auf das linke Marne=Ufer zu verhindern. Es mußte gelingen, jeder der drei neuformirten Divisionen zwei gezogene 4=Pfünder= Batterien und eine Mitrailleusen=Batterie beizugeben. Hierzu konnten z. B. die gezogenen 4=Pfünder=Batterien 20./11 der Reserve=Artillerie 3. Armeekorps und 16./7 der Armee=Reserve=Artillerie verwendet werden, ebenso die drei Batterien der Division D'Hugues, bezw. weitere Feld= Batterien der 3. Pariser Armee. Das Personal und Material war vorhanden und die Bespannung fehlte am 30. November auch noch nicht.

Um den beiden Divisionen genügende Artilleriekräfte zu verschaffen, konnten ihnen die fünf gezogenen 12=Pfünder=Batterien überwiesen werden, welche theils unter dem Major Babinet standen, theils der Halbinsel von St. Maur zngetheilt worden waren.

Dann konnte ein ernster Angriff gegen Chelles—Gournay mit 22 000 Gewehren, 66 Geschützen unternommen werden, dem die schwere Artillerie des Mont d'Avron eine höchst wirksame Unterstützung gewähren konnte.

Zunächst konnte das 3. französische Armeekorps diesem Angriff als Reserve dienen, bis es bei Neuilly seinen Uebergang über die Marne ausgeführt hatte. Das 3. Armeekorps verfügte nach Abgabe der 4=Pfünder=Batterie über 21 050 Gewehre, 66 Geschütze und hätte sofort nach Vollendung des Marne=Ueberganges mit voller Kraft Noisy le Grand angreifen müssen.

Auf der Halbinsel von Joinville hatte das 2. französische Armeekorps vorzugehen mit 24 600 Gewehren, 84 Geschützen, welchen noch die 4 gezogenen 8=Pfünder=Batterien der Armee=Reserve=Artillerie beizugeben waren, so daß die Artillerie der Franzosen hier 108 Geschütze gezählt haben würde.

Gleichzeitig mußte das 1. französische Armeekorps mit 29 700 Gewehren, 90 Geschützen von Créteil aus gegen Bonneuil und Valenton vorgehen, während die dritte neuformirte Division mit 11 000 Gewehren, 18 Geschützen ihren Angriff gegen Villeneuve St. Georges zu richten hatte, um einen Uebergang von Truppen des 6. bezw. 2. preußischen Armeekorps vom linken auf das rechte Seine=Ufer zu verhindern. Es kam hier darauf an, so schnell als möglich Bonneuil und Sucy en Brie wegzunehmen, damit dann das 1. französische Armeekorps die Höhen von Ormesson und Chennevières von der linken Flanke aus fassen konnte.

Hauptsache blieb immer die Vernichtung der schwachen deutschen Kräfte, welche am 30. November früh die Linie Noisy le Grand—Ormesson vertheidigten. Dann stand die ganze 2. Pariser Armee siegreich in den Stellungen der Deutschen und konnte auch einen Flankenangriff von Theilen des 2. und 6. preußischen Armeekorps abweisen, wenn die dritte neuformirte Division zu schwach gewesen wäre, diesen Flankenangriff allein zu verhindern.

Die Zerstörung aller für die Franzosen erreichbaren Marne= und Seine=Brücken war das wirksamste Mittel, jeden Uebergang der Deutschen über diese beiden Ströme zu verhindern. Dazu war rücksichtsloseste Offensive mit ausreichender breiter Frontentwickelung das einzige, aber auch das wirksamste Mittel.

Dann würden die beiderseitigen Stärkeverhältnisse um 10 Uhr früh folgende gewesen sein:

Auf der Linie Noisy—Villiers—Coeuilly—Chennevières 45650 Gewehre und 174 Geschütze der Franzosen gegen 9800 Gewehre, 36 Geschütze der Deutschen oder in runden Zahlen 49100 Franzosen gegen 10500 Deutsche.

Auf der Linie Bonneuil—Valenton—Villeneuve St. Georges 40700 Gewehre, 108 Geschütze der Franzosen gegen 12300 Gewehre, 42 Geschütze der Deutschen oder in runden Zahlen 42800 Franzosen gegen 13100 Deutsche.

Außerdem würden 22000 Gewehre, 66 Geschütze der Franzosen gegen die Linie Chelles—Gournay vorgegangen sein.

Die Gesammtkraft, welche die Franzosen dann für das Gelingen des großen Durchbruchsversuchs eingesetzt haben würden, hätte 108350 Gewehre, 348 Geschütze betragen oder 115300 Mann, ohne die Reiterei, die Genietruppen u. s. w. in Rechnung zu stellen.

Daß unter Verwendung einer so großen Kraft, bei guten Anordnungen und unter durchweg tüchtigen Generalen der Durchbruch Ducrots gelungen sein würde, erscheint uns nicht zweifelhaft. Aber die Bedingung war: vortreffliches Ineinandergreifen der verschiedenen Korps zur gegenseitigen Unterstützung, Entfaltung rücksichtslosester Energie von allen Seiten und Generale an der Spitze der Truppen, welche nicht bloß „Carrière gemacht", sondern ihre Beförderung auch durchaus verdient hatten.

Von diesen Grundbedingungen wurde nicht eine einzige erfüllt, und man muß füglich stark bezweifeln, ob ein Durchbruch der 2. Pariser Armee, selbst wenn er gelungen wäre, ein endgültig glückliches Ergebniß geliefert hätte. Denn nach gelungenem Durchbruch kamen drei weitere Faktoren zur Sprache, nämlich ein klares Ziel für den nun vorzunehmenden Weitermarsch, hervorragende Marschfähigkeit der Truppen und das Vorhandensein ausreichender Trains. Von diesen drei weiteren Bedingungen für den Erfolg war wiederum nicht eine einzige vorhanden. Es würde also ein gelungener Durchbruch des Generals Ducrot nach unserer Ansicht in kurzer Zeit zu einer Katastrophe wie bei Sedan geführt haben.

Sicherlich aber wäre es den Franzosen möglich gewesen, unter den Geschützen der Forts einen großen Sieg zu erfechten. Ein solcher großer Sieg der Franzosen vor Paris würde einen gewaltigen moralischen Eindruck in ganz Frankreich hervorgebracht und den Opfermuth der ganzen

Nation sehr bedeutend angefacht haben, ganz abgesehen von der vielleicht großen Schwächung der Einschließungs-Armee, welche wohl zweifellos schwere Verluste auch an Gefangenen erlitten haben würde. Nach einem solchen Siege konnten dann die Franzosen freiwillig nach Paris zurückgehen. Vielleicht hätte schon dieses Ergebniß den Einsatz verlohnt, welcher allerdings auch für die Franzosen nicht gering gewesen sein würde.

Taktische Betrachtungen über die demonstrativen Operationen am 30. November.

Man gestatte uns nun noch einige taktische Bemerkungen, zu welchen die Demonstrationen der Franzosen am 30. November Veranlassung geben:

1. Bei dem Gefechte vom Mont Mesly fällt die mangelhafte Verwendung der französischen Streitkräfte sehr nachtheilig auf. Die Division Susbielle zählte einschließlich des Franktireur-Bataillons der Division 13 Bataillone, davon wurden nur sechs zum entscheidenden Angriff verwendet. Warum? fragen wir. Ein Erfolg konnte doch nur erreicht werden, wenn die Franzosen die geringen Streitkräfte, über welche sie verfügten, nun wenigstens voll und ganz einsetzten!

2. Das Eingreifen der vier Züge württembergischer Reiter bei dem Rückzuge der Franzosen verdient große Beachtung, es war recht geschickt und wurde mit voller Energie durchgeführt. Daher der schöne Erfolg trotz aller Hinterlader. Vielleicht hätte man noch mehr erreicht, wenn ein paar Schwadronen eingesetzt worden wären. Zeit genug, diese zu versammeln, hatte man reichlich. Indessen läßt sich dies nachträglich leicht sagen, die Gefechtslage erschien vielleicht so, daß man ein Einsetzen größerer Kräfte an Reiterei bei der Nähe der Pariser Forts für falsch halten mußte.

3. Das Gefecht von Epinay giebt einen deutlichen Wink für das Verhalten der Vorposten einer Armee, welche eine moderne Fortsfestung einschließt. Es muß für die Unterkunft der Feldwachen in bombensicheren Räumen unbedingt gesorgt werden, es ist aber ebenso unbedingt nothwendig, daß die Lage dieser bombensicheren Räume jedem einzelnen Manne der Vorposten genau bekannt ist. — Richtig war das Verhalten der betreffenden preußischen Feldwache ganz gewiß nicht. Auf dem Wege, den die französischen Marinetruppen längs der Seine einschlugen, mußten umfassende Hindernißmittel angelegt werden, um ein Eindringen in das Dorf bei Nacht und Nebel, bezw. unter dem Eindrucke einer heftigen

Beschießung thunlichst unmöglich zu machen. Auch dies scheint keineswegs geschehen zu sein.

4. Das Festhalten einzelner vorwärts der Vertheidigungslinie der Vorposten gelegener Gehöfte, wie z. B. des Bahnhofs Gare aux boeufs vor Choisy le Roi, erscheint nur dann zweckmäßig, wenn eine Behauptung des betreffenden Gehöftes gegen einen überlegenen Angriff gesichert ist, wie das z. B. bei der Bergerie am 19. Januar 1871 der Fall war. Sonst thut man zweifellos besser, die Gehöfte zu zerstören, Man erspart dadurch unnütze Verluste und macht dem Gegner das Erreichen billiger Erfolge unmöglich.

Entschluß des Generals Ducrot am Abend des 30. November.

General Ducrot war sich am Abend des 30. November vollkommen klar darüber, daß der große Durchbruchsversuch gescheitert war, obschon die Franzosen in den Stellungen die Nacht zubrachten, welche am Morgen von den Deutschen besetzt gewesen waren.

Er war sich auch darüber klar, daß die Aussicht, den Durchbruch in den nächsten Tagen zu erzwingen, außerordentlich gering war. Die Verluste waren sehr groß gewesen, besonders an Offizieren und Unteroffizieren, es fehlte an Munition, viele Geschütze hatten keine Bespannung mehr oder waren demontirt. Man mußte also zunächst erst die Munition und die Artilleriebespannungen erneuern. Am klügsten wäre es gewesen, sofort über die Marne zurückzugehen, allein das ging wieder nicht an, weil die öffentliche Meinung in Paris dies nicht gestattet hätte. Es blieb also nichts übrig, als auszuharren und die eroberten Stellungen festzuhalten.

Bei diesem Entschluß verblieb man, obschon eine eisige Kälte einsetzte, die Truppen weder Zelte noch Decken mitführten und man wegen der Nähe der Deutschen keine Feuer anzünden durfte. Es ist wohl kaum nothwendig daran zu erinnern, wie sehr die Franzosen unter diesen Verhältnissen gelitten haben.

IV. Der 1. Dezember.

Mit anerkennenswerther Thatkraft gingen die Franzosen nun daran, am 1. Dezember trotz des hartgefrorenen Bodens die eroberten Stellungen künstlich zu verstärken. Von dem Parke vorwärts der Brücken von Bry bis zur Eisenbahn nach Mülhausen wurden Schützengräben ausgehoben. Südlich der Straße Joinville—Villiers wurde eine Redoute erbaut und mit sechs gezogenen 12=Pfündern armirt (Batterie 8./3 der Reserve=Artillerie 2. Armeekorps).

Vorwärts des Bahnwärterhäuschens standen zwei Mitrailleusen hinter Deckungen. Die Kalköfen waren befestigt, die Mauern mit Schießscharten versehen worden; ein langer Schützengraben lief vom Gehölz de la Lande bis zu den Steinbrüchen nördlich der Ostausgänge von Champigny. Batteriedeckungen wurden auf der Hochfläche zwischen der Eisenbahn und Champigny ausgehoben. Alle drei Batterien der Division Malroy standen in solchen Deckungen. Am großen Kalkofen befand sich eine Batteriedeckung mit Profilen von 10 bis 12 m Stärke der Brustwehr. Weiter vorwärts an dem Steinbruche vor dem großen Kalkofen wurde eine Batterie für acht gezogene 24=Pfünder erbaut und in der Nacht zum 2. Dezember mit diesen Geschützen ausgerüstet.

Champigny wurde von den Franzosen mit ihrer bekannten Geschicklichkeit in sehr solider Weise zur Vertheidigung hergerichtet, die Häuser in allen Stockwerken mit Schießscharten versehen, für Kommunikationen gesorgt; auf der gegenüberliegenden Seite der Straße schlug man überall die Decken bezw. Fußböden der höheren Stockwerke ein, damit die Deutschen eventuell nur aus dem Erdgeschoß feuern konnten. Die Hauptstraßen wurden durch Barrikaden gesperrt. Letztere hatten eine Höhe von 1,5 bis 2 m und bestanden aus Sandsäcken oder aus mit Erde gefüllten Tonnen und Schanzkörben. Die Schützengräben hatten eine Tiefe von 80 cm und waren zum Schutze gegen die Kälte mit Stroh versehen.

In Bry wurden alle Straßen durch Barrikaden gesperrt, der Platz der Mairie gründlich zur Vertheidigung eingerichtet, auch die verschiedenen Parks mit Schießscharten versehen.

Die Feld=Artillerie der Franzosen ergänzte nach Kräften ihre Verluste vom 30. November; jedoch konnten aus den vier gezogenen 8=Pfünder=Batterien der Armee=Reserve=Artillerie nur noch drei Batterien gebildet werden; die drei Batterien der Division Faron wurden nur zu je vier Geschützen ausgerüstet.

Die Division Bellemare war am 1. Dezember früh 5 Uhr über die Marne zurückgegangen, weil angeblich beträchtliche deutsche Verstärkungen per Eisenbahn in Villiers und Noisy angekommen sein sollten. In Wirklichkeit war daran kein wahres Wort, die Deutschen konnten die einzige durchgehende Eisenbahnlinie überhaupt nur bis Nogent sur Seine benutzen, allein General d'Exéa hatte dennoch auf Grund solcher falschen Meldungen die Division Bellemare über die Marne zurückgenommen.

Vom ganzen 3. französischen Armeekorps blieben nur Regiment Nr. 107 und ein Bataillon Regiments Nr. 108 bei Bry; jedoch erschienen auf Befehl des Generals Ducrot am 1. Dezember früh 9 Uhr auch noch die beiden übrigen Bataillone dieses Regiments in Bry.

Stellungen der Franzosen am 1. Dezember Abends.

In Neuilly sur Marne verblieb die Mobilgarden-Gruppe Reille. Alle neun Batterien der Reserve-Artillerie 3. Armeekorps, einschließlich der drei aus der Armee-Reserve-Artillerie überwiesenen Batterien, befanden sich zwischen Neuilly und Bry auf dem rechten Ufer der Marne.

Die Division Bellemare lagerte bei Nogent, die Brigade Bonnet der Division Mattat befand sich gleichfalls auf dem rechten Marne-Ufer, die Brigade Daudel derselben Division in Bry. An diese letztere Brigade schloß sich die Division Maussion an, Regiment Nr. 125 in den vorderen Schützengräben, Regiment Nr. 126 am Südende von Bry, weiter rückwärts die Regimenter Nr. 123 und 124.

Zwischen dem Eisenbahndamme und der Straße nach Villiers biwakirte die Division Berthaut, in erster Linie die Regimenter Nr. 119 und 120, die Brigade Miribel lagerte in Le Plant, ein Bataillon dieser Brigade befand sich zwischen dem Eisenbahndamm und dem Gehölz von La Lande.

Zwischen diesem Gehölz und Champigny stand die Division Malroy, auf Vorposten II./121 und rechts von diesem Bataillon das Mobilgarden-Bataillon Nr. III des Regiments Côte d'Or.

Die Division Faron hielt Champigny besetzt und zwar hatte sie in erster Linie die Bataillone III./42 und I./35, sowie II./42, weiter rechts bis zur Marne I./113. Rückwärts von letzterem Bataillon standen II. und III./113. In Champigny befanden sich I./42, II. und III./35, Regiment Nr. 114, weiter rückwärts das Mobilgarden-Regiment Vendée.

Maßregeln der Deutschen am 1. Dezember.

Deutscherseits befahl das große Hauptquartier zu Versailles noch in der Nacht zum 1. Dezember die Entsendung starker Truppentheile des 2. und 6. Armeekorps nach dem Schlachtfelde. Infolge dessen trafen am 1. Dezember früh 9 Uhr die 7. und 21. Infanterie-Brigade bei Sucy ein. Auch die 3. Division, welche erst am Abend des 30. November in der Gegend von Palaiseau am linken Seine-Ufer eingetroffen war, rückte um 7 Uhr mit der Korps-Artillerie wieder auf das rechte Ufer der Seine ab und gelangte am Nachmittage des 1. Dezember in die Gegend zwischen Boissy und Sucy.

Der linke Flügel der bedrohten Stelle der Einschließungslinie war mithin ausreichend gesichert. Auf Grund dessen forderte der Kronprinz von Sachsen den Prinzen Georg von Sachsen auf, die Franzosen über die Marne zurückzuwerfen und ihre Brücken zu zerstören. Dieser Befehl traf jedoch so spät ein, daß die Ausführung desselben verschoben werden mußte.

Unterdessen hatte Seine Majestät der König die deutschen Truppen zwischen der Seine und der Marne unter das einheitliche Kommando des Generals v. Fransecky gestellt. Die 21. Infanterie-Brigade, welche ohne Gepäck und Lebensmittel nach dem Schlachtfelde entsendet worden war, kehrte nach dem linken Seine-Ufer zurück. Die übrigen Truppen bezogen während der Nacht, soweit es angängig war, Quartiere.

Für den 2. Dezember befahl General v. Fransecky dem Prinzen Georg von Sachsen, in aller Frühe Bry und Champigny zu überfallen, wobei die Unterstützung durch preußische Truppen erforderlichenfalls zugesagt wurde.

V. Der 2. Dezember.

Stellungen der Deutschen am Morgen des 2. Dezember.

Am frühen Morgen des 2. Dezember standen die 24. Division, vier Bataillone der 23. Division und im Ganzen zehn Batterien der Sachsen theils in und bei Noisy bezw. in Gournay, theils südöstlich von Noisy und bei La Grenouillère. Diese Truppen hatten folgende Gefechtsstärke:

	III/100,	4 Kompagnien	=	700	Gewehre,
Regiment Nr.	104,	10 "	=	1 500	"
" "	105,	12 "	=	2 250	"
" "	106,	11 "	=	1 780	"
" "	107,	12 "	=	1 680	"
" "	108,	12 "	=	2 250	"
Jäger=Bataillon "	13,	4 "	=	820	"

Zusammen: 65 Kompagnien = 10 980 Gewehre.

Die 1. württembergische Brigade zählte 3650 Gewehre und stand mit dem 1. Regiment bei Villiers, mit dem 7. Regiment und dem 2. Jäger=Bataillon bei Belair.

Die 7. preußische Brigade zählte 3700 Gewehre und befand sich bei dem Jägerhofe.

Die 6. preußische Brigade, 4530 Gewehre stark, stand nebst zwei Batterien der Korps=Artillerie bei Sucy, die 5. preußische Brigade, in der Stärke von 4140 Gewehren befand sich nebst vier Batterien der Korps=Artillerie im Anmarsch nach Marolles. Das 2. preußische Jäger= Bataillon zählte 715 Gewehre.

Vorpostenstellungen der Franzosen.

Französischerseits waren die drei großen Parks am Ostausgange von Champigny durch zwei Bataillone Regiments Nr. 42 besetzt; der Raum zwischen Champigny und der Marne durch ein Bataillon Regi= ments Nr. 113. Auf der Hochfläche des kleinen Kalkofens standen drei Kompagnien Mobilgarden der Côte d'Or auf Vorposten.

Um 6½ Uhr früh wurden die französischen Vorposten abgelöst.

Das unmittelbar nördlich des Spitzenparkes (parc en pointe) gelegene Wäldchen hielten die Franzosen nicht genügend besetzt, ebenso= wenig das kleine Gehölz zwischen der alten und neuen Straße nach Chennevières. Es scheint, daß die Franzosen nirgends Patrouillen ins Vorgelände geschickt haben, nur die Postenlinie hatte die Beobachtung der Deutschen auszuführen.

Angriff der Württemberger auf Champigny.

Um 7 Uhr früh erfolgte der Angriff der Württemberger. Das Jäger=Bataillon Nr. 2, 680 Gewehre stark, ging zu beiden Seiten der neuen Straße vor, im ersten Treffen die Kompagnien 1 und 2, im zweiten Treffen 3 und 4.

Gleichzeitig ging Regiment Nr. 7 in der Stärke von 1450 Gewehren von Villiers aus gegen Champigny vor, im ersten Treffen die Kompagnien 6, 7, im zweiten 5, 8; rechts von II./7 rückte I./7 gegen die Steinbrüche südlich des kleinen Kalkofens vor.

Die Franzosen wurden völlig überrascht, sie hatten zwar das Vorgehen der Deutschen bemerkt, glaubten aber, es seien französische Arbeiterkolonnen, welche die Gehölze in Vertheidigungszustand setzen sollten. Eine ganze Kompagnie Mobilgarden der Côte d'Or wurde beim Kaffeekochen überrascht und zum großen Theil gefangen genommen.

Der Angriff der Württemberger gelang auf allen Punkten.

Panik der Franzosen.

Eine vollständige Panik brach bei den Franzosen aus, welche noch dadurch vermehrt wurde, daß die 1. schwere württembergische Batterie das Lager der Mobilgarden-Brigade Martenot mit Brandgranaten in Brand setzte. Besonders die Mobilgarden wandten sich zur Flucht, aber auch Linientruppen der Division Faron; ein ganzer Strom von Flüchtlingen ergoß sich die große Straße von Champigny herab. Zwei Kompagnien französischen Regiments Nr. 35 gingen mit dem Bajonett gegen die Fliehenden vor, diese wichen aber seitwärts aus; ebenso vergeblich versuchten einige Kompagnien Regiments Nr. 114 den Weg hinter Champigny zu sperren.

Alles floh, Reiter, Wagen, Fußgänger, wild durcheinander. Der Großprofoß der Armee Ducrots, Major Lambert, sperrte die Brücken über die Marne mit Gensdarmen und den Éclaireurs Franchetti; man suchte die Flüchtigen zu beruhigen, dies gelang auch bei den meisten; indessen mußte man sich damit begnügen, diejenigen wieder ins Feuer zu führen, welche freiwillig dazu bereit waren.

Schleunigst wurden nun die Division Susbielle von Créteil her und die Division Bellemare vom Rondpoint de Plaisance her zur Verstärkung herbeigerufen.

Wie bei jeder Panik, so wurde auch hier nur ein Theil der Truppen vom Schrecken erfaßt, in der vordersten Linie fanden sich viele Tapfere, welche den zähesten Widerstand leisteten. Auch gelang es dem General Ducrot, welcher mit seinem Gefolge, den Säbel in der Hand, den Flüchtlingen sich entgegenwarf, den Strom derselben von der Straße ab und auf die Ebene zu leiten, woselbst es eher möglich wurde, die Ordnung leidlich wieder herzustellen.

Kampf in Champigny.

Die verfügbare Artillerie des 1. französischen Armeekorps fuhr rückwärts von Champigny auf. Fünf gezogene 12=Pfünder Batterien der Reserve-Artillerie dieses Korps und die drei Batterien der Division Faron eröffneten ihr Feuer auf die Höhen von Champigny und Chennevières. Es waren dies 30 gezogene 12=Pfünder, 8 gezogene 4=Pfünder und 4 Mitrailleusen.

In dieser Lage würden die Feldbatterien große Dienste haben leisten können, welche auf der Halbinsel von St. Maur dem General Favé zur Verfügung standen und von dem äußersten Ende des Parks von St. Maur und dem Gehölze des Moines her die bei Champigny kämpfenden Württemberger im Rücken fassen konnten. General Favé hatte jedoch seine Feld-Artillerie beim Ausbruche der Panik zurückgenommen, um die Brücken über die Marne zu vertheidigen.

Sämmtliche 18 gezogene Feld=12=Pfünder des Generals Favé gingen auf diese Weise nach rückwärts, und es verblieb nur die gezogene 4=Pfünder Batterie bei der Redoute des Wasserreservoirs. Die Scharten der schweren Festungsgeschütze von St. Maur, welche in den Kampf um Champigny hätten eingreifen können, waren auf Theile des Dorfes gerichtet, in deren Besitze die Franzosen sich befanden; nur bei einem gezogenen 24=Pfünder wurde die Scharte geändert, so daß dieses Geschütz etwa 150 Granaten auf die Hochfläche von Coeuilly werfen konnte.

General Favé zeigte sich bei dieser Gelegenheit sehr eigensinnig, es kam zu heftigen Scenen zwischen ihm und den vom General Ducrot zu ihm gesandten Offizieren, wobei General Favé seine Selbstständigkeit betonte und nicht gehorchen wollte.

Für die Deutschen war dieser Zwischenfall sehr glücklich, denn ein Massenfeuer der französischen Artillerie von St. Maur würde bei der geringen Entfernung das Heranziehen von Verstärkungen den Deutschen ganz außerordentlich erschwert haben.

Auf dem linken Flügel des 1. französischen Armeekorps eröffneten die drei Batterien der Division Malroy aus ihren Batteriedeckungen am Kalkofen das Feuer auf nächste Entfernung und unterstützten dadurch die Vertheidiger von Champigny in wirksamster Weise.

Unterdessen hatten die Franzosen sich vom ersten Schrecken erholt und waren überall in Massen herbeigeeilt, um die vorderste Vertheidigungslinie zu verstärken. Der östliche Theil von Champigny war in die Hände der Württemberger gefallen, nun aber stand man sich auf allernächste Entfernung im erbitterten Häuserkampfe gegenüber.

Nach 8½ Uhr früh unternahmen die Franzosen einen Angriff gegen die Gipsbrennerei am Nordost-Ausgange von Champigny, der größere Theil des Regiments Jlle et Vilaine und einige Hundert Mann des Regiments Côte d'Or betheiligten sich an diesem Vorgehen; allein von allen Seiten mit Schnellfeuer überschüttet, wurden die Mobilgarden sofort furchtbar zusammengeschossen. In wenigen Augenblicken fielen einige 30 Offiziere und 600 Mann todt und verwundet, die Franzosen mußten wieder zurückgehen; indessen gelang es trotzdem den Württembergern nicht, hier entscheidende Fortschritte zu machen, wie dies bei dem Mißverhältniß der Kräfte auch gar nicht anders möglich war.

Es würde vergeblich sein, wenn wir den Versuch machen wollten, ein klares Bild von dem erbitterten Ringen zu geben, welches sich in Champigny und südlich des kleinen Kalkofens entspann. Nirgends konnten ernste Erfolge erzielt werden, nachdem sich die Franzosen erst einmal von ihrer Panik erholt hatten, aber ebenso wenig gelang es den Franzosen, den verlorenen Boden wieder zu gewinnen.

Alle Kompagnien der Württemberger waren durcheinander gemengt, von einer Oberleitung des Gefechts war keine Rede, die Verluste wuchsen bedenklich, die Munition nahm in noch bedenklicherem Grade ab, man schoß bereits mit Chassepotgewehren und französischer Munition, welche den Gefangenen abgenommen worden war.

Französischerseits fochten die Regimenter Nr. 35, 42, 113, 114 und die Mobilgarden-Brigade Martenot, also sechs Regimenter. Wenn nun auch ein erheblicher Theil dieser Truppen bei der Panik geflohen war, ohne in den Kampf wieder einzugreifen, so standen doch die drei württembergischen Bataillone gegen 18 französische Bataillone im Nahkampfe, also gegen eine kolossale Ueberlegenheit.

Im Allgemeinen hatten die Württemberger folgende Stellungen erobert: Die Kalkgruben und die Gehöfte unmittelbar nordwestlich des Weges Villiers—Champigny, die Rue de la Croix und quer durch Champigny hindurch den nördlichen Theil der Rue de Champignolle. Ueberall standen sich beide Gegner auf nächste Entfernung gegenüber, mitunter nur durch die Breite einer Straße von einander getrennt.

Artilleriekampf.

Der französischen Artillerie konnten die Württemberger anfangs nur 6 gezogene 6-Pfünder entgegensetzen, welche jedoch bald durch 12 gezogene 4-Pfünder der Württemberger, später durch 6 gezogene 6-Pfünder und 6 gezogene 4-Pfünder des 2. preußischen Armeekorps unterstützt wurden, so daß um 8³/₄ Uhr früh 12 gezogene 6=Pfünder und 18 gezogene 4=Pfünder der Deutschen im Feuer standen.

Die Franzosen verstärkten inzwischen ihre Artillerie sehr bedeutend. Südlich der Eisenbahn und rückwärts des Bois de la Lande fuhren 12 gezogene 12=Pfünder der Reserve=Artillerie 2. Armeekorps und 6 gezogene 4=Pfünder der Division Berthaut auf, während die Mitrailleusen=Batterie dieser Division zu beiden Seiten der Bahn Stellung nahm, aber zwei Mitrailleusen auf dem Bahndamm in Geschützdeckungen am Wärterhäuschen hatte. Ebenfalls auf dem Bahndamm gedeckt standen 2 gezogene 12=Pfünder der Reserve=Artillerie 2. Armeekorps, weiter rückwärts auch noch auf dem Bahndamm 4 gezogene 4=Pfünder und 2 Mitrailleusen der Division Maussion. Die Batterien der Division Maussion scheinen am 2. Dezember nur je 4 Geschütze gezählt zu haben, bei der Batterie Nismes 10./21 ist dies allerdings fraglich.

Die Geschützmasse der Franzosen zwischen dem Bahndamm und Champigny wuchs somit auf 8 gezogene 24=Pfünder, 44 gezogene 12=Pfünder, 30 gezogene 4=Pfünder, 16 Mitrailleusen = 98 Geschütze, welchen nur 30 Geschütze der Deutschen gegenüberstanden. Außerdem feuerten aber auch noch 6 gezogene 12=Pfünder der Reserve=Artillerie 2. Armeekorps, 6 gezogene 4=Pfünder und 2 Mitrailleusen der Division Berthaut aus ihren Stellungen nördlich des Eisenbahndammes gegen jene 5 deutschen Batterien.

General Ducrot sagt Seite 19, Theil III seines Werkes über die Belagerung von Paris, daß die Batterien 10./21, 8./3 und 16./14 die Artillerie von Villiers bekämpft hätten. Da aber bei Villiers um diese Zeit nicht ein einziges Geschütz der Deutschen im Feuer stand, so dürften auch diese Batterien ihr Feuer gegen die genannten fünf deutschen Batterien gerichtet haben, also nochmals 6 gezogene 4=Pfünder und 10 gezogene 12=Pfünder.

Die gesammte Artilleriekraft der Franzosen stieg dadurch auf 8 gezogene 24=Pfünder, 60 gezogene 12=Pfünder, 42 gezogene 4=Pfünder, 18 Mitrailleusen = 128 Geschütze, zu denen man noch die schwere Festungs=Artillerie der Halbinsel von St. Maur, der Redouten Gravelle und Faisanderie, des Forts Nogent, der schweren Batterien beim Dorfe Nogent (hier standen allein 16 gezogene 12 cm= und 2 gezogene 16 cm= Geschütze), des Forts Rosny und des Mont d'Avron rechnen muß.

Für Viele sind Zahlenangaben langweilig, um aber ein richtiges Bild der Gefechtslage zu gewinnen, muß man sich immer und immer wieder an die beiderseitigen Stärkeverhältnisse erinnern. Nur dann kann man die Leistungen der deutschen Truppen und ihre glänzende Tapferkeit voll und ganz würdigen.

Angriff der Württemberger auf das Gehölz von La Lande.

Gleichzeitig mit dem Angriffe auf Champigny gingen die württembergischen Kompagnien 7. 8./1 in der Stärke von etwa 380 Gewehren aus dem Parke von Coeuilly gegen das Gehölz von La Lande vor. Hier standen drei Kompagnien französischen Regiments Nr. 121 und zwar vom Bataillon II./121, welche soeben drei Kompagnien II./122 in dem Gehölze abgelöst hatten.

Die Franzosen hatten auch hier den Sicherheitsdienst sehr nachlässig betrieben, anscheinend gar keine Außenposten ausgestellt und wurden völlig überrascht.

Die Württemberger drangen bis zu einem Drahtverhau vor, welcher die Mitte des Gehölzes absperrte. Hier kam es zu einem heftigen Feuergefecht. General Paturel kam den Vertheidigern des Gehölzes mit den soeben abgelösten drei Kompagnien II./122 und Theilen des Regiments Nr. 121 zu Hülfe, griff die Württemberger in der linken Flanke an und drängte sie zurück. Es kam bei dieser Gelegenheit zum Handgemenge. Die überhaupt nur 380 Gewehre starken Württemberger mußten langsam zurückgehen, die Franzosen folgten heftig drängend bis über den Weg Chennevières—Bry hinaus, wo sie etwa um 7½ Uhr früh Halt machten. Die beiden württembergischen Kompagnien gingen bis zu dem Schützengraben bezw. den Steinbrüchen am Eisenbahndamm zurück, sie hatten 3 Offiziere, 113 Mann todt und verwundet, 42 Mann gefangen verloren = 40,8 pCt. ihrer Gefechtsstärke.

Eingreifen des preußischen Regiments Nr. 9.

Etwa um 8½ Uhr früh griffen deutscherseits frische Kräfte in den Kampf ein. Es gingen nämlich aus dem Park von Coeuilly die Kompagnien 9. 11. 5./9 im ersten, 10. 12. 6./9 im zweiten Treffen gegen den Bahndamm bezw. gegen das Bois de la Lande vor. 8./9 blieb als Geschützbedeckung bei Coeuilly zurück, 7./9 wurde anfangs als Reserve zurückgehalten und folgte erst später.

Zwar beschoß die Mobilgarden-Brigade Miribel die Preußen auf 1200 m mit Bataillonssalven, allein die Wirkung war gering; dagegen kamen die preußischen Kompagnien sofort mit den Truppen des Generals Paturel in einen heftigen Kampf. Die Franzosen wurden aus dem Gehölz von La Lande herausgeworfen; ein Vorstoß französischer Abtheilungen von der Brücke her, auf welcher der Weg Jägerhof—Bry den Bahndamm überschreitet, blutig abgewiesen; dann die Brücke selbst erstürmt und dauernd behauptet, und zwar zu beiden Seiten des Bahndammes. Allein die beiden Bataillone hatten große Verluste, sie waren mit 30 Offizieren, 1500 Gewehren ins Gefecht gerückt und verloren 13 Offiziere, 302 Mann.

Eingreifen des preußischen Regiments Nr. 49.

Gegen 8½ Uhr früh, also etwa zur selben Zeit wie die beiden Bataillone Regiments Nr. 9, gingen 2. 3. 4./49 und ein Zug von 1./49, sowie 6. 7. 8./49 auf Champigny vor. Zwei Züge von 1./49 verblieben bei Chennevières, 5./49 folgte als Reserve.

2. 4./49 und der eine Zug von 1./49 stürmten auf die Steinbrüche und Kiesgruben los, welche kurz vorher von den Württembergern geräumt und von den Franzosen besetzt worden waren. Auch Württemberger nahmen an dem Angriff der Neunundvierziger Theil. Die Franzosen wurden aus den Steinbrüchen herausgeworfen. 3. 6. 7. 8./49 wandten sich gegen die Weinberge und das rothe Haus nordöstlich von Champigny. Auch hier blieben die Pommern siegreich, sie erstürmten das rothe Haus und säuberten die Hänge von den Franzosen, letztere mußten unter großen Verlusten weichen und erhielten ein verheerendes Schnellfeuer nachgesandt.

Als nun die Kompagnien 3. 6. 7. 8./49 sich in der Höhe der Kiesgruben und Steinbrüche festsetzen wollten, machten Theile der Brigade Paturel und einige Mobilgarden der Brigade Martenot einen Vorstoß gegen die rechte Flanke der vordringenden Preußen.

Die große Masse der Mobilgarden-Brigade Martenot war schon längst nach dem Gehölze von Le Plant zurückgegangen und ordnete sich hier aufs Neue.

Die Franzosen eroberten die Kiesgruben, machten einige Gefangene, konnten aber nicht weiter vordringen, da das von der Parkmauer abgegebene Schnellfeuer sie auf 100 m zum Stehen brachte.

Gegen 10 Uhr früh wurde auch F./49 nach dem Gefechtsfelde herangezogen. 9. und 11./49 wandten sich nach Champigny, 12./49 nach dem Parke, 10./49 war in Ormesson auf Vorposten zurückgeblieben. Die seit 7 Uhr früh in Champigny schwer ringenden württembergischen Jäger erhielten nun endlich eine wirksame Unterstützung. 9./49 verlor sehr bald ihre Offiziere und wurde unter die Kompagnien 11. 12./49 vertheilt.

Eingreifen des 2. preußischen Jäger-Bataillons.

Gegen 11 Uhr früh rückte auch das preußische Jäger-Bataillon Nr. 2 gegen Champigny vor; die Kompagnien 1, 3, 4 wandten sich gegen die Steinbrüche, die 2. Kompagnie nach dem Dorfe selbst. Sobald die preußischen Jäger vor den Steinbrüchen erschienen, erhoben sich 2./49, Theile von 4./49 und ein Zug von 12./49 und stürzten sich mit den Jägern zusammen auf die Steinbrüche und Kiesgruben, welche nunmehr endgültig erobert wurden. 6 Offiziere, 165 Mann der Franzosen wurden hierbei gefangen genommen. Die Brigade Paturel ging bis an den kleinen Kalkofen zurück, auf dem Rückzuge schwere Verluste erleidend. Auch an diesem Angriffe hatten sich Theile der Württemberger trotz ihrer Ermüdung betheiligt.

Fortgang des Kampfes in Champigny.

In Champigny wurde das 2. württembergische Jäger-Bataillon jetzt nach vierstündigem, sehr blutigem Kampfe abgelöst und nach Chennevières in Reserve zurückgenommen, indessen blieben viele Mannschaften des Bataillons im Dorfe und nahmen weiterhin rühmlichen Antheil am Kampfe, welcher in Champigny von der 2. Kompagnie preußischen Jäger-Bataillons Nr. 2, 11. und 1/2 9./49 weitergeführt wurde, während Theile des 7. württembergischen Regiments die Verbindung dieser Kampfgruppen mit den Vertheidigern der Steinbrüche herstellten und die Rue de la Croix besetzt hielten. Letzteres Regiment behauptete seine Stellung dauernd und verblieb im Kampfe.

Hinter den Mauern der Straße de la Croix standen nunmehr Württemberger und Pommern vereint, oft 6 bis 8 Mann hintereinander. Die vordersten Leute schossen, die weiter hinten stehenden luden und reichten die geladenen Gewehre nach vorn.

Stellungen der Deutschen in und bei Champigny.

Im Allgemeinen behaupteten die Deutschen sich in folgender Stellung: Rue de Champignolle, Rue de la Croix, Parkmauer des großen Parks nordöstlich von Champigny, Steinbrüche und Kiesgruben vor diesem Park, Weinberge am rothen Haus. Regiment Nr. 49, Jäger-Bataillon Nr. 2 der Preußen, Regiment Nr. 7 der Württemberger und Theile des 2. württembergischen Jäger-Bataillons vertheidigten diese Stellungen. Vorwärts der Rue de la Croix war es gelungen, einen Häuserkomplex zu erobern, welcher bis zur Rue du Faur sich erstreckte, indessen rechts und links von den Franzosen in allernächster Entfernung umfaßt wurde.

Auf dem äußersten linken Flügel der Deutschen ging eine ganz schwache Abtheilung des französischen Regiments Nr. 113 (1 Unteroffizier, 5 Mann) auf einem kleinen Nachen nach der Insel de Champigny über, flankirte von hier aus die Deutschen an der Rue Champignolle und zwang dieselben, ihren linken Flügel etwas zurück zu nehmen. Wenn die Franzosen den auf der Halbinsel von St. Maur gelegenen Park Adam stark besetzt gehalten hätten, so würde der Kampf um Champigny sich für die Deutschen recht schwierig gestaltet haben. Die nöthigen Truppen waren vorhanden, allein General Favé verwendete sie nicht in einer so zweckmäßigen Weise.

Auf dem rechten Flügel der Deutschen war auch I./14 eingetroffen und hatte am Wege Champigny—Villiers Stellung genommen, ohne jedoch gegen die große Batterie de la Carrière weiter Boden gewinnen zu können. Die Franzosen hatten hier die 12=Pfünder=Batterie 4./6 der Reserve=Artillerie 1. Armeekorps vorgeholt, wobei die französischen Kanoniere zwei Geschütze mit den Armen vorwärts schleppten.

Artilleriekampf.

Inzwischen hatten auch die Deutschen stärkere Artilleriekräfte ins Feuer gebracht. Gegen 10 Uhr früh fuhren fünf Batterien des 2. preußi= schen Armeekorps am Jägerhofe auf.

Die 1. und 2. leichte und die 2. schwere Batterie bekämpften die französische Artillerie der Halbinsel von St. Maur, allerdings ohne jeden nennenswerthen Erfolg, weil die französischen Geschütze völlig ge= deckt standen. Dagegen erlitten die Franzosen durch ihr eigenes Feuer nicht unbedeutende Verluste; es sprangen nämlich zwei gezogene 16 cm Marinegeschütze in der Faisanderie, zwei andere gezogene 16 cm Geschütze auf der Halbinsel von St. Maur mußten ihr Feuer einstellen, weil die Granaten im Rohre zersprangen. Auch auf dem Fort Nogent zersprang ein gezogenes 19 cm Marinegeschütz.

Mit ungleich besserer Wirkung wandten sich die 3. und 4. leichte Batterie, bald unterstützt durch die 3. und 4. schwere, sowie durch die 2. und 3. reitende Batterie des 2. preußischen Armeekorps gegen die französische Artillerie am Kalkofen. Außer den bereits im Feuer be= findlichen 30 deutschen Geschützen feuerten also jetzt weitere 36 Geschütze gegen die französische Feld=Artillerie am Eisenbahndamm und auf den Höhen der Kalköfen.

Schon um 10 Uhr früh mußten die drei Batterien der Division Malroy zurückgehen, obschon sie in Batteriedeckungen standen, weil sie von der Seite her gefaßt wurden. Auch die beiden gezogenen 12=Pfünder= Batterien 4./21 und 15./10 mußten zurückgehen, nahmen aber hinter dem Damme der Straße Bry—Champigny aufs Neue Stellung.

Ferner wurde die Batterie 5./21 der Reserve-Artillerie des 2. französischen Armeekorps zum Abfahren gezwungen, auch die Artillerie der Division Berthaut mußte zurückgehen und konnte nur die beiden auf dem Bahndamme aufgestellten Mitrailleusen im Feuer erhalten. Die Batterie 8./3 der Reserve-Artillerie 2. französischen Armeekorps stand zwar in einer Batteriedeckung, wurde aber trotzdem derartig zusammengeschossen, daß sie gleichfalls zurückgehen mußte.

Dagegen fuhren drei gezogene Batterien der Armee-Reserve-Artillerie an der Straße Villiers—Joinville und auf der Höhe von Bry auf.

Auf Seite der Deutschen gingen die 1. schwere Batterie der Preußen und die 3. leichte württembergische Batterie etwa um 11 Uhr über die Eisenbahn hinaus, südlich von Villiers in Stellung. Die drei Batterien, welche die Halbinsel von St. Maur unter Feuer genommen hatten, gingen gegen 11½ Uhr hinter den Jägerhof zurück, woselbst sie in Reserve verblieben, nachdem sie zusammen nur 234 Granaten verschossen hatten.

Später wurde die 2. schwere preußische Batterie aus dieser Reservestellung vorgeholt, um bei Coeuilly die 1. schwere preußische Batterie zu ersetzen. Es feuerten also im Ganzen:
12 gezogene 4-Pfünder, 6 gezogene 6-Pfünder der Württemberger,
30 = 4-Pfünder, 24 = 6-Pfünder der Preußen
gegen die französische Feld-Artillerie bei den Kalköfen und am Bahndamme.

Von letzterer waren um 1 Uhr außer Gefecht gesetzt die Artillerie der Division Malroy, die Artillerie der Division Berthaut bis auf die zwei Mitrailleusen, welche auf dem Bahndamme standen, und zwei gezogene 12-Pfünder-Batterien der Reserve-Artillerie 2. Armeekorps, zusammen 24 gezogene 4-Pfünder, 12 gezogene 12-Pfünder und 10 Mitrailleusen = 46 Geschütze. Wenn man bedenkt, daß deutscherseits überhaupt nur 72 Geschütze gegen diese Artillerie thätig waren, so muß man die Leistung der deutschen Artillerie als eine ausgezeichnete bezeichnen.

Gegen 1 Uhr erlahmte denn auch das Feuer der französischen Feld-Artillerie sichtlich, während die französische Festungs-Artillerie nach wie vor heftig weiter schoß. General v. Hartmann nahm daher die gesammte preußische Artillerie, welche bei dem Jägerhofe stand, in die Mulde östlich des Jägerhofes zurück, ebenso gingen die 1. schwere und 2. leichte württembergische Batterie in Reservestellung zurück. Es standen nun 48 preußische und 12 württembergische Geschütze bereit, einem eventuellen Angriffe der Franzosen ihr Massenfeuer entgegenzusetzen.

Ende des Kampfes um Champigny.

An Stelle der Artillerie trat das Bataillon F./14 in den Kampf und verlängerte den rechten Flügel von I./14 bei Maison rouge.

Unterdessen war auch die 5. preußische Brigade beim Jägerhofe eingetroffen und ging mit dem Regiment Nr. 2 und I./42 nach Coeuilly, mit II. und F./42 nach Villiers vor. Gegen 2½ Uhr trafen bei Chennevières württembergischerseits das Regiment Nr. 5, das Bataillon I./2 und das 3. Jäger-Bataillon ein, ebenso drei Batterien. II./14 und Regiment Nr. 54 standen hinter Champigny in Reserve und erlitten hier durch französisches Feuer noch recht erhebliche Verluste.

Nunmehr befanden sich so zahlreiche deutsche Kräfte zur Verwendung bereit, daß jeder neue Durchbruchsversuch der Franzosen als völlig aussichtslos bezeichnet werden konnte. Die Franzosen waren denn auch sehr weit davon entfernt, an einen ernsten Angriff zu denken.

In Champigny erlosch das Feuer gegen 4 Uhr vollständig, nachdem es noch einigen württembergischen Abtheilungen gelungen war, bis zur Rue du Jaur durchzudringen und sich hier zu verschanzen.

Französischerseits war zuletzt auch noch die Division Susbielle in den Kampf getreten und zwar mit zwei Bataillonen Regiments Nr. 115 an den Kalköfen (ein Bataillon dieses Regiments war in Créteil verblieben), mit dem Regiment Nr. 116 auf dem Kampffelde der Division Berthaut. Regiment Nr. 118 trat später ebenfalls bei den Kalköfen in Thätigkeit, Regiment Nr. 117 besetzte während der Nacht Champigny, gemeinsam mit dem Regiment Nr. 114 der Division Faron.

Der Rest der Division Faron, die Division Malroy und die Artillerie des 1. Armeekorps biwakirten zwischen Le Plant und der Marne.

Verluste der Deutschen.

Die Verluste der Deutschen in dem Kampfe um Champigny waren groß. Sie betrugen bei den Preußen:

Stäbe . . . . . 1 Offizier,
Regiment Nr. 14 . 18 Offiziere, 284 Mann,
= Nr. 54 . 8 = , 101 =
Jäger-Bat. Nr. 2 . 10 = , 151 =
Regiment Nr. 9 . 14 = , 302 = , dav. vermißt 1 Off. 4 M.
= Nr. 49 . 27 = , 415 = , = = — = 25 =
Feld-Art.Regt.Nr. 2 7 = , 78 =
Pionier-Bat. Nr. 2 3 = , 11 =

Zusammen 88 Offiziere, 1342 Mann, dav. vermißt 1 Off. 29 M.

Die Württemberger verloren:

Regiment Nr. 7 .	19 Offiziere	413 Mann,	davon vermißt	1 Off.	66 M.
Jäger-Bat. Nr. 2 .	11 =	133 =,	=	=	— =	6 =
= = Nr. 3 .	1 =	9 =			
Regiment Nr. 2 .	— =	6 =			
= Nr. 5 .	— =	6 =			
= Nr. 8 .	— =	4 =			
Artillerie . . .	3 =	23 =			

Zusammen 34 Offiziere, 594 Mann, davon vermißt 1 Off. 72 M.

Im Ganzen verloren somit die Deutschen:

122 Offiziere, 1936 Mann, davon vermißt 2 Offiziere, 101 Mann.

Auffällig groß erscheint der Verlust des preußischen Regiments Nr. 54, welches am Kampfe selbst keinen thätigen Antheil nehmen durfte, vielmehr nur in Reserve stand, dennoch aber 8 Offiziere, 101 Mann einbüßte. Die Truppentheile der Württemberger, welche in Reserve standen, verloren nur 1 Offizier, 21 Mann, da die 4 Mann vom 8. Regiment jedenfalls auf Vorposten außer Gefecht gesetzt worden sind. Die drei preußischen Bataillone verloren also im Reserveverhältniß fünfmal so viel, als die vier im gleichen Verhältniß verbliebenen württembergischen Bataillone. Unwillkürlich kommt man auf die Vermuthung, daß die betreffenden preußischen Truppentheile das Gelände doch vielleicht nicht ganz zweckmäßig ausgenutzt oder der französischen Festungs-Artillerie vielleicht zu große Ziele dargeboten hätten. Die Kolonne nach der Mitte spielte damals leider noch immer eine Rolle, welche weder den Bewaffnungsverhältnissen des Gegners, noch den Geländeverhältnissen angepaßt war. Auch die Formation in Halbbataillone bot der feindlichen Artillerie noch immer viel zu große Ziele dar. Allerdings hat das Regiment Nr. 54 viel längere Zeit im Reserveverhältniß ruhig ausharren müssen, als dies den vier württembergischen Bataillonen beschieden war.

Eine derartige Aufgabe ist das Schlimmste, was den Truppen zugemuthet werden kann. Das preußische Regiment hat sie glänzend bestanden. Wir heben jedoch diesen Punkt besonders hervor, weil ähnliche Verhältnisse in einem zukünftigen Kriege mit Sicherheit sich wieder darbieten werden. Es ist dann Sache der Führung, die betreffenden Truppen auf jede Weise vor unnützen Verlusten zu bewahren.

Kampf der Sachsen bei Bry.

Stellungen der Sachsen am Morgen des 2. Dezember.

Wir müssen uns jetzt dem Kampffelde der Sachsen zuwenden. Früh morgens 6½ Uhr standen die sächsischen Truppen folgendermaßen vertheilt:

Noisy hielten besetzt I. 7. 8./104, die Kompagnien 1, 2, 3 des Jäger-Bataillons Nr. 13.

In Gournay standen II./105, I./106.

Südöstlich von Noisy waren versammelt I. und III./105, II. und III./106, III./107, das 2. Reiter-Regiment und vier Batterien.

Bei La Grenouillère standen Regiment Nr. 108 und die 7. und 8. schwere Batterie; zwischen Noisy und Champs III./100, die 5. und 6. leichte, die 5. und 6. schwere Batterie der Sachsen.

Die 4. Kompagnie Jäger-Bataillons Nr. 13 befand sich in Villiers.

Angriff der Sachsen auf Bry.

Zum Ueberfall auf Bry waren bestimmt worden die Bataillone III./104 und I. II./107, zusammen etwa 1600 Gewehre stark. Nach 6½ Uhr früh begann der Vormarsch dieser Truppen in lautloser Stille. Die französischen Posten wurden überrannt, ohne daß sie auch nur einen einzigen Schuß abgaben, das an der Spitze befindliche Bataillon II./107 drang bis zu dem Punkte vor, an welchem sich die breite Hauptstraße von Bry zur Marne-Brücke hin abzweigt. Erst beim Ueberklettern der dort befindlichen Barrikade fiel der erste Schuß. Nun aber stürzten aus den Häusern von Bry die Franzosen in hellen Haufen heraus, und es entbrannte sofort ein sehr heftiger Kampf.

Während des 1. Dezember hatten die Franzosen ihre schwere Artillerie nur mäßig feuern lassen, dagegen begann am 2. Dezember früh ein überaus heftiges Granatfeuer, ganz ebenso wie am 30. November.

Die Franzosen hatten auf der Seite nach Noisy die Bataillone II. und III./108, daran schloß sich III./107 an, weiter rechts folgten II./107, I./108, während Regiment Nr. 125 bis zum Hohlwege stand, welcher auf die Hochfläche vor Villiers heraufführt. In Reserve stand I./107 bei der Kirche und Regiment Nr. 126 bei dem großen Parke.

I./126 warf sich den Sachsen entgegen, wurde aber mit einem so heftigen Schnellfeuer empfangen, daß es sofort auf die halbe Höhe der

Abhänge zurückwich. Aber auch das sächsische Bataillon II./107 konnte weitere Fortschritte zunächst nur in sehr geringem Grade machen.

Das sächsische Bataillon I./107 schwärmte nach links auf dem nach Le Plant zu führenden Abhange aus, wobei die rechte Flügel=Kompagnie 3./107 den Kirchhof von Bry als Stützpunkt benutzte. III./104 besetzte den Park Devink nördlich von Bry und machte hier 100 Gefangene. 9./104 verstärkte den linken Flügel von I./107.

Der Versuch der Sachsen, von Noisy aus den Angriff durch vier gezogene 6=Pfünder zu unterstützen, mußte angesichts der sofort auf dem rechten Marne=Ufer ins Feuer tretenden Artillerie des 3. französischen Armeekorps aufgegeben werden, nachdem die Sachsen nur 16 Granaten verschossen hatten.

Eingreifen der Artillerie 3. französischen Armeekorps.

Das 3. französische Armeekorps entwickelte auf den Höhen von Le Perreux 36 gezogene 12=Pfünder der Reserve=Artillerie und 6 Mi= trailleusen der Division Mattat, am Wege vom Rond point de Plaisance nach Neuilly 12 gezogene 12=Pfünder; die gezogene 4=Pfünder=Batterie 4./10 der Division Mattat verblieb an den Marne=Brücken bei Bry, die gezogene 4=Pfünder=Batterie 3./10 derselben Division befand sich bei Neuilly in Reserve, die gezogene 4=Pfünder=Batterie 20./11 der Reserve= Artillerie 3. Armeekorps im gleichen Verhältniß am Rond point de Plaisance. Das wuchtige Feuer dieser 48 gezogenen 12=Pfünder und 6 Mitrailleusen wurde auf das Wirksamste durch die schwere Artillerie des Mont d'Avron und des Forts Nogent unterstützt. Die Franzosen feuerten ohne jede Rücksicht auf die eigenen Truppen; ein wahrer Hagel von Geschossen schmetterte auf das Dorf Bry und die Umgebung des Dorfes nieder. Mauern und Häuser wurden in Trümmer gelegt. Es zeigte sich sehr deutlich, daß man nicht daran denken könne, Bry stark besetzt zu halten, selbst wenn man es ganz erobert hätte, weil die Besatzung in diesem Fall wehrlos den größten Verlusten ausgesetzt gewesen wäre.

Die an den westlichen Hängen der Höhe 100 vor dem Park von Villiers in den dortigen Schützengräben liegenden französischen Schützen von II./107 und I./108 erhielten jetzt Rückenfeuer von sächsischen Ab= theilungen, welche sich in den Häusern von Bry eingenistet hatten. Infolge dessen erhielt die gezogene 4=Pfünder=Batterie 4./10 der Division Mattat, welche an den Brücken von Bry hielt, den Befehl, durch ihr

Feuer die Sachsen aus den von ihnen besetzten Häusern im nördlichen Theil von Bry zu vertreiben.

Zwei Geschütze dieser Batterie fuhren im Galopp auf den Abhängen der Höhe 100 auf, mit dem Rücken nach Villiers, Front gegen Bry. Von allen Seiten erhielten die beiden Geschütze Feuer, ertrugen dasselbe aber sehr tapfer und beschossen auf 500 bis 600 m die betreffenden Häuser. In weniger als einer halben Stunde gaben die beiden Geschütze 68 Granaten ab, trafen auch sehr gut und erzielten angeblich das gewünschte Ergebniß, indem sie das gefährliche Rückenfeuer dämpften. Nach deutschen Berichten gelang es jedoch den Franzosen nicht, die Sachsen zu vertreiben.

Den Franzosen begann um diese Zeit die Munition knapp zu werden, indessen gelang es einem Hauptmann des Generalstabes, drei Infanterie-Munitionswagen zur Brigade Daubel heranzuführen und auf diese Weise dem Mangel an Patronen noch rechtzeitig abzuhelfen.

General Ducrot befiehlt die Räumung von Bry.

Um 8 Uhr früh ertheilte General Ducrot den Befehl, Bry zu räumen. General d'Exéa, der kommandirende General des 3. Armeekorps, hatte einen Adjutanten zum General Ducrot gesandt und den Oberbefehlshaber der 2. Pariser Armee darauf aufmerksam gemacht, daß die Gefechtslage bei dem 3. Armeekorps bedrohlich sei.

Nach dem Abmarsch der Division Bellemare befand sich allerdings nur noch die Gruppe Reille bei Neuilly und die Brigade Bonnet auf dem rechten Ufer der Marne, so daß bei siegreichem Vordringen der Sachsen der Rückzug der bei Bry kämpfenden Brigade Daubel sehr gefährdet erschien.

Als diese Meldung bei Ducrot ankam, befand sich das Dorf Champigny zum großen Theil im Besitz der Deutschen, die Mobilgarden-Brigade Martenot befand sich selbst nach französischen Berichten en complète déroute und das 2. französische Armeekorps war daher sowohl in seiner rechten Flanke von Champigny her, als in seiner linken Flanke von Bry her gefährdet. Ducrot befürchtete, daß bei einem nothwendig werdenden Rückzuge des 2. französischen Armeekorps die Brigade Daubel in Bry gänzlich abgeschnitten werden könnte. Infolge dessen befahl Ducrot, General d'Exéa solle die Brigade Daubel über die Marne zurücknehmen, die Brücken bei Neuilly abbrechen und die Gruppe Reille aus Neuilly heraus nach Plaisance zurücknehmen.

Eingreifen des Generals Trochu.

Sehr bald nach Absendung dieses Befehls gewannen jedoch die Dinge ein ganz verändertes Aussehen. Die Division Faron erholte sich von der Panik, die Brigade Paturel schritt sogar ihrerseits zur Offensive. Jede Gefahr für eine Flankirung des 2. französischen Armeekorps war dadurch beseitigt.

Zum Glück für die Franzosen erschien gerade in dem Augenblick, als General Daubel den ihm ertheilten Befehl soeben auszuführen begann, General Trochu persönlich bei Bry und befahl dem General Daubel, sofort wieder vorzugehen.

Angriff des sächsischen Regiments Nr. 108.

Um 9 Uhr früh wurde das sächsische Regiment Nr. 108 von La Grenouillère nach Villiers herangezogen. Prinz Georg von Sachsen befand sich persönlich bei Villiers, woselbst ihn um 9½ Uhr früh die Meldung des Majors v. Bosse erreichte (des Kommandeurs der drei sächsischen Bataillone in Bry), daß er sich zwar in Bry behaupte, das Dorf aber mit seinen schwachen Kräften nicht völlig erobern könne, daß er daher der Hülfe bedürfe.

Auf Grund dieser Meldung wurden I./108 von Villiers aus, III./107 von Noisy aus zur Unterstützung der bei Bry kämpfenden Sachsen vorgesandt.

Das Bataillon I./108 ging auf dem nächsten Wege vor, querfeldein von Villiers aus auf Bry; es war noch nicht auf die Höhe 109 gelangt, als der Kommandeur, Major Schlick, deutlich bemerkte, daß von der entgegengesetzten Richtung her starke französische Truppenmassen ebenfalls den Höhenrand zu ersteigen suchten. Sofort schwenkten die Sachsen links und suchten die Höhe zu gewinnen; die Franzosen (Regiment Nr. 125 und III./126) erreichten jedoch den Höhenrand früher und begannen sofort ein außerordentlich heftiges Feuer gegen die Sachsen. Letztere antworteten mit einem kurzen Schnellfeuer und brachen dann zur Attacke vor.

Es gelang dem tapferen sächsischen Bataillon wirklich, die Franzosen trotz ihrer großen Uebermacht von dem Höhenkamm herunterzuwerfen und sich selbst auf der Höhe einzunisten. Die Franzosen gingen jedoch nur wenige Hundert Schritt zurück und setzten sich hinter dem nächsten Erdrande fest. Ueberall gewährten Weinbergsmauern und Schützengräben den Franzosen Deckung.

Es entspann sich nun auf nächste Entfernung ein mörderisches Feuergefecht, in welchem das sächsische Bataillon seinen Kommandeur und sämmtliche Kompagniechefs verlor. Da das Bataillon III./107 erst später von Noisy aus antrat, außerdem auch einen weiteren Weg zurückzulegen hatte, so befand sich I./108 gegenüber der sehr bedeutenden Uebermacht der Franzosen in einer sehr peinlichen Lage.

Nach 10½ Uhr früh wurde daher II./108 zur Unterstützung des linken Flügels von I./108 vorgesendet. Diesem Bataillon schloß sich die 4. Kompagnie Jäger-Bataillons Nr. 13 an. Da die Hälfte der 7. Kompagnie Regiments Nr. 108 in Champs zur Bewachung des Generalkommandos 12. Armeekorps zurückgeblieben war, so traten jetzt 4½ frische sächsische Kompagnien auf dem linken Flügel von I./108 in den Kampf, während etwa zur selben Zeit 11. 12./107 auf dem rechten Flügel dieses Bataillons erschienen. Die Kompagnien 9. 10./107 setzten ihren Vormarsch auf Bry fort. Es befanden sich also jetzt zwischen der Kampfgruppe von Bry und dem Park von Villiers 10½ sächsische Kompagnien im Gefecht, welchen sich noch die württembergische Kompagnie 1./1 anschloß.

Auch die Besatzung des Parkes von Villiers, die Kompagnien 2 bis 6 des württembergischen Regiments Nr. 1, griff nach besten Kräften in den Kampf ein, konnte aber zunächst nur wenig mitwirken, da man vom Park aus die gut gedeckt liegenden Franzosen nicht sehen konnte.

Dagegen eröffneten gegen 11 Uhr früh die 1. schwere preußische und die 3. leichte württembergische Batterie von den Geschützdeckungen südlich von Villiers her ihr Feuer gegen die über die Höhen 100 und 109 vordringenden Franzosen, welche nunmehr auch vom Park aus gesehen und von der Besatzung mit Schnellfeuer überschüttet wurden.

Unter diesen Umständen ging vorläufig das Gefecht der Sachsen vorwärts, man näherte sich den Franzosen bis auf etwa 100 Schritt. Gegen 11½ Uhr befand sich der Höhenrand im Besitz der Sachsen, welche zahlreiche Gefangene machten (etwa 300 Mann).

Aber die Verluste der Sachsen wuchsen schnell in furchtbarer Weise, auch II./108 verlor seinen Kommandeur und sämmtliche Kompagnieführer.

Bei den Franzosen begann es an Munition zu mangeln. General Ducrot sandte daher einige berittene Eclaireurs seiner Eskorte zu den nächsten Munitionswagen und ließ von denselben Patronensäcke nach den Schützenlinien bringen. Diese Patronensäcke wurden von den französischen Reitern am Sattel befestigt und glücklich bis zu den Schützenschwärmen gebracht. Bei diesem waghalsigen Unternehmen fiel der Kommandeur der Eclaireurs, Major Franchetti, tödlich verwundet.

Französischerseits fochten auch noch I./108 und II., III./107 gegen das sächsische Regiment Nr. 108. Es standen mithin 11½ deutsche Kompagnien gegen etwa 7 französische Bataillone im Kampfe, wobei man sich stets daran erinnern muß, daß die Deutschen dauernd unter dem Feuer der schweren Artillerie von Nogent und vom Mont d'Avron her litten.

Als nun aber bei den Sachsen auch noch Munitionsmangel drohte, sah sich Oberst v. Hausen dazu gezwungen, sein tapferes Regiment zurückzunehmen.

Um diesen Rückzug zu erleichtern, besetzten 11. 12./108 die nördliche Umfassung von Villers und den in der Richtung auf den neuen Kirchhof führenden Schützengraben, während 9. 10./108 zur Unterstützung des rechten Flügels des Regiments Nr. 108 vorbrachen.

Die Franzosen drängten heftig nach, wurden aber aus dem Park von Villiers und von den Kompagnien 11. 12./108 mit Schnellfeuer überschüttet und zum Stehen gebracht.

Das sächsische Regiment Nr. 108 verlor am 2. Dezember 37 Offiziere, 633 Mann; es sammelten sich die im Gefecht gewesenen Kompagnien 1. bis 10./108, 11. 12./107 und die 4. Kompagnie des Jäger-Bataillons Nr. 13 etwa um 12½ Uhr hinter Villiers.

Rückzug der Sachsen aus Bry.

Auch bei der Kampfgruppe von Bry wendete sich nunmehr das Geschick zu Ungunsten der Sachsen. Hier waren zwar auf dem linken Flügel 9. und 10./107 eingetroffen und hatten für kurze Zeit eine günstige Gefechtslage herbeigeführt, jedoch währte dies nur bis zur Entscheidung über den Besitz des Höhenrandes vor Villiers. Sobald der Rückzug des sächsischen Regiments Nr. 108 eintrat, wurde der linke Flügel der bisher gegen dieses Regiment kämpfenden Franzosen frei und wandte sich nun gegen die linke Flanke der sächsischen Kampfgruppe bei Bry.

Die Kompagnie 10./107 der Sachsen nahm zwar noch 50 Franzosen in einem Gehöft gefangen, indessen mußte man dem übermächtigen Druck der Franzosen dennoch nachgeben. Die auf freiem Felde bezw. in den Weinbergen östlich von Bry kämpfenden Sachsen wichen daher um die Mittagsstunde nach Bry herunter und setzten sich in den dortigen Parts und in den Gehöften fest.

Als nun die Nachricht eintraf, der Rückzug nach Noisy sei bereits bedroht, traten die Sachsen in Bry allmälig den Rückzug an. Sie führten denselben gruppenweise durch, um die Verluste zu vermindern. Am längsten harrte II./107 in Bry aus. Ein Theil dieses Bataillons erhielt den Befehl zum Rückzug überhaupt nicht und fiel daher den Franzosen in die Hände, welche nun von Osten her in Bry eindrangen; so z. B. geschah es den Vertheidigern der letzten Barrikade vor den Marne-Brücken, deren Rückzug ganz unmöglich gemacht worden war. Diese sächsischen Truppentheile kämpften noch mit hingebender Tapferkeit bis nach 2 Uhr weiter, fielen aber schließlich in französische Gefangenschaft. Seinerseits hatte das sächsische Regiment Nr. 107 300 bis 400 Franzosen zu Gefangenen gemacht, von denen aber infolge der eben geschilderten Verhältnisse der größte Theil wieder entkam, so daß nur 2 Offiziere, 135 Mann als Gefangene abgeliefert werden konnten.

Verluste beider Gegner im Kampfe um Bry.

Die an dem Kampfe um Bry und auf der Höhe 109 betheiligten sächsischen Truppen hatten folgende Verluste erlitten:

	tobt und verwundet:	vermißt:
Regiment Nr. 104:	3 Off., 28 Mann,	— Off., 3 Mann,
‍ ‍ 107:	11 ‍ 185 ‍	1 ‍ 281 ‍
‍ ‍ 108:	37 ‍ 544 ‍	— ‍ 89 ‍
Jäger-Bataillon ‍ 13:	1 ‍ 42 ‍	— ‍ 8 ‍
Zusammen:	52 Off., 799 Mann,	1 Off., 381 Mann.

Es waren im Ganzen in das Gefecht gekommen:

4 Kompagnien Regiments Nr. 104 = 600 Gewehre,
12 ‍ ‍ ‍ 107 = 1680 ‍
10 ‍ ‍ ‍ 108 = 1875 ‍
1 Kompagnie Jäger-Bataillons ‍ 13 = 205 ‍

27 Kompagnien = 4360 Gewehre.

Hiervon hatten die vier Kompagnien Regiments Nr. 104 nur geringe Verluste erlitten, die übrigen 3760 Gewehre aber verloren 50 Offiziere, 1149 Mann = 30,56 pCt. der Gefechtsstärke.

Die französischen Regimenter Nr. 107, 108, 125 und 126 verloren etwa 60 Offiziere, 1600 Mann. Unter Abrechnung der allerdings geringen Verluste, welche diese Truppen bereits am 30. November erlitten hatten und unter Berücksichtigung eines gewissen Abganges von Kranken, infolge der Biwaks bei großer Kälte ohne Feuer, zählten diese 12 französischen Bataillone rund 7200 Gewehre. Ihr Verlust betrug also 22,2 pCt. der Gefechtsstärke.

Fortgang des Kampfes bei Bry und Villiers.

Die deutschen Heerführer verzichteten sehr richtig auf eine Wiedereroberung von Bry in Anbetracht der Thatsache, daß dieses Dorf unter dem übermächtigen Feuer der französischen Artillerie doch nur mit den größten Verlusten hätte behauptet werden können.

Deutscherseits erwartete man jeden Augenblick ein Vorbrechen der Franzosen über die Höhe 109, gegen welches man 36 sächsische Geschütze der Korps-Artillerie zwischen Noisy und Villiers und 24 Geschütze der 24. Division bei Noisy ins Feuer setzen wollte. Man hoffte durch die gewaltige Wirkung dieser 60 Geschütze, denen die Entfernungen auf das Genaueste bekannt waren, jede Offensive der Franzosen zusammenzuschmettern.

Auch wurde die Besatzung von Noisy durch I./105 verstärkt. Die Franzosen waren jedoch durch den verlustreichen Kampf mit den Sachsen derartig erschüttert, daß sie gar nicht daran dachten, eine energische Offensive zu beginnen. Sie lösten vielmehr die beiden Brigaden Daudel und Courty durch die Division Bellemare ab. Die Brigade Daudel versammelte sich in Bry, die Brigade Courty ging bis zu dem Gehölze von Le Plant zurück.

Die Division Bellemare nahm das 4. Zuaven-Regiment und Regiment Nr. 136 in die vordere Linie, die Mobilgarden-Brigade Colonieu in die zweite. Ihre Divisions-Artillerie fuhr auf und eröffnete noch ein heftiges Feuer.

Neuer Artilleriekampf.

Wir wissen, daß die drei gezogenen 8-Pfünder-Batterien der französischen Armee-Reserve-Artillerie schon früher gegenüber von Villiers aufgefahren waren. Dieselben wurden jetzt durch die Artillerie der Division Bellemare und durch die 12-Pfünder-Batterie 4./12 der Reserve-Artillerie 1. Armeekorps unterstützt. Letztere Batterie war nach dem Hügel von Le Perreux geschickt worden, um die Artillerie des 3. Armeekorps zu verstärken, fand aber hier bereits eine so starke Artilleriemasse vor, daß sie wieder auf das linke Ufer der Marne zurückging; von hier aus wurde sie dann gegen Villiers vorgesendet.

Zwischen den Abfällen der Höhe 100 und dem Bahndamm befanden sich vom Vormittag her noch im Feuer die 12=Pfünder=Batterie 16./14 der Reserve=Artillerie 2. Armeekorps, die 4=Pfünder=Batterie 10./21 der Division Maussion, endlich hatte die auf dem Bahndamm selbst gedeckt stehende Artillerie der Franzosen (2 gezogene 12=Pfünder der Reserve= Artillerie 2. Armeekorps, 4 gezogene 4=Pfünder und 2 Mitrailleusen der Division Maussion, 2 Mitrailleusen der Division Berthaut) ihr Feuer fortgesetzt.

Etwa um 1½ Uhr Nachmittags sah der preußische General v. Hartmann, Kommandeur der 3. Division, die bedeutende Verstärkung der französischen Artillerie vor Villiers. Er ließ ohne Zögern die 3. und 4. leichte und die 3. und 4. schwere Batterie 2. preußischen Armee= korps im Galopp aus der Mulde hinter dem Jägerhof vorfahren und die französische Artillerie von der Flanke her beschießen. Dieses auf etwa 1500 m abgegebene Flankenfeuer war außerordentlich wirksam, auch halfen die südlich von Villiers stehenden beiden deutschen Batterien wacker mit, so daß es binnen ganz kurzer Zeit gelang, die französische Artillerie großentheils zum Abfahren zu zwingen. Sobald dies Ergebniß erzielt war, gingen auch die vier preußischen Batterien wieder in die deckende Mulde zurück, weil sie selbst von der Artillerie der Halbinsel St. Maur und der Redoute La Faisanderie sehr wirksam beschossen wurden.

Kämpfe vor dem Park von Villiers.

Gegen den Park von Villiers wurden am 2. Dezember ernste An= griffe überhaupt nicht unternommen.

Die gezogene 8=Pfünder=Batterie 3./14 der französischen Armee= Reserve=Artillerie war auf so nahe Entfernung vom Park von Villiers aufgefahren, daß ihr Feuer der Besatzung sehr unangenehm wurde. Infolge dessen befahl General v. Reitzenstein der Kompagnie 6./1 nebst zwei Zügen von 5./1 gegen 12 Uhr Mittags aus dem Park vorzugehen, um die französische Batterie zu vertreiben.

Diese fünf Züge württembergischer Infanterie gingen bis etwa 200 Schritt westlich des Parkes vor, besetzten die dort gelegenen Stein= brüche und verjagten glücklich durch ihr Feuer die genannte Batterie, wobei sie selbst allerdings 37 Todte und Verwundete verloren.

Die übrige Parkbesatzung verlor am 2. Dezember nur 2 Offiziere, 14 Mann todt und verwundet, ein deutlicher Beweis dafür, daß die Franzosen an diesem Tage keinen ernsten Angriff gegen die Parkmauern unternahmen, solange letztere von den Württembergern besetzt gehalten wurden.

Nach 1½ Uhr löste das Bataillon III./100 die Württemberger im Parke von Villiers ab. Dieses Bataillon wies einen französischen Angriff, welcher nach 2 Uhr erfolgte, ohne große Mühe ab; dasselbe Schicksal hatte ein letzter französischer Angriff nach 3 Uhr. Uebrigens waren auch I. und F./42 nach Villiers herangezogen worden.

Das Bataillon III./100 verlor 13 Mann, Regiment Nr. 42 1 Offizier, 21 Mann. Es können also die nach der Ablösung der Württemberger unternommenen Angriffe der Franzosen auch nicht besonders energisch gewesen sein. Letztere Thatsache geht übrigens auch aus den geringen Verlusten der französischen Divisionen Berthaut und Bellemare hervor, welche jene Angriffe ausführten. Zwar läßt sich die Vertheilung der Verluste dieser Divisionen auf beide Schlachttage ziffernmäßig nicht nachweisen, allein es steht fest, daß auf den 2. Dezember nur ein sehr kleiner Theil der überhaupt erlittenen Verluste kommt.

Allmälig erstarb das Gefecht auf der ganzen Linie, bis zum Einbruch der Dunkelheit feuerte allerdings die französische Artillerie weiter, besonders diejenige der Forts und des Mont d'Avron; dann hörte auch das Geschützfeuer auf.

Sonnenaufgang am 2. Dezember 7 Uhr 51 Minuten früh.
Sonnenuntergang = 2. = 3 = 48 = Abends.

Vorpostenstellungen der Deutschen.

Sobald die Schlacht zu Ende war, setzten die Deutschen Vorposten aus.

Champigny blieb besetzt von der 2. Kompagnie preußischen Jäger-Bataillons Nr. 2, von I./49 und von 6. 9. 11. und 12./49. Dahinter standen am Spitzparke 5. 7. und 8./49. F./14 bezog am Ostrande des Dorfes Alarmquartiere.

Die Kompagnien 1, 3 und 4 preußischen Jäger-Bataillons Nr. 2 behielten die Kiesgruben besetzt: am Wege Champigny—Villiers standen Abtheilungen von F./14, daran anschließend bis zum Eisenbahndamm zwei Kompagnien von I./14, die beiden anderen Kompagnien dieses Bataillons als Piket dahinter.

Vorwärts des Parkes von Villiers bezog das 2. württembergische Jäger-Bataillon die Vorposten, von dort bis Noisy das Jäger-Bataillon Nr. 13.

Abends 9 Uhr traf die 2. württembergische Brigade bei Villiers ein und löste die Vorposten und die Parkbesatzung ab, ebenso das Jäger-Bataillon Nr. 13.

Hinter diesen Vorposten bezogen das 2. preußische Armeekorps und die 1. württembergische Brigade Quartiere, während die Sachsen in Noisy, Champs, Chelles, Gournay und Ferme Grenouillère die Nacht zubrachten.

Stellungen der Franzosen.

Die Franzosen hatten in Champigny die Regimenter Nr. 114 der Division Faron und Nr. 117 der Division Susbielle. Die Hochfläche der Kalköfen wurde von den Regimentern Nr. 115 und 116 der Division Susbielle besetzt gehalten.

Zwischen Le Plant und der Marne biwakirte das 1. französische Armeekorps.

Vor Villiers blieb vom Eisenbahndamm bis zur Straße Joinville—Villiers das Regiment Seine-Inférieure, links von diesem Regiment Nr. 118.

Am Kreuzwege der Straßen nach Bry und nach Villiers lagerte die Brigade Bocher. Die Division Courty lagerte im Bois du Plant.

Links vom Regiment Nr. 118 hielt die Division Bellemare das Gelände bis über Bry hinaus besetzt, dahinter lagerte die Brigade Daubel in Bry selbst.

Regiment Nr. 105 blieb an den Brücken von Neuilly, Regiment Nr. 106 und die Artillerie des 3. Armeekorps auf dem rechten Marne-Ufer.

Die Gruppe Reille verblieb in Neuilly, während die Brigade Blaise der Division Maud'huy nach Créteil herangezogen worden war.

Verluste der Deutschen.

Die Deutschen erlitten am 2. Dezember folgende Verluste:

	todt und verwundet:		vermißt:	
2. preuß. Armeekorps	89 Off.,	1338 Mann;	1 Off.,	29 Mann,
Sachsen	52 =	818 =	1 =	381 =
Württemberger	39 =	674 =	1 =	120 =

Zusammen . 180 Off., 2830 Mann; 3 Off., 530 Mann
= 183 Offiziere, 3360 Mann.

Diese Verluste vertheilen sich auf die verschiedenen Truppengattungen in nachstehender Weise:

Stäbe	—	2 Offiziere,	
Infanterie	168	=	3239 Mann,
Kavallerie	—	=	5 =
Artillerie	10	=	102 =
Pioniere	3	=	12 =
Sonstige Truppen	—	=	2 =
Zusammen	183 Offiziere,	3360 Mann.	

Der Gesammtverlust der Deutschen betrug mithin:

Schlacht vom 30. November	66 Offiziere,	1627 Mann,
Gefecht am Montmesly	19	=	332 =
Schlacht vom 2. Dezember	183	=	3360 =
Zusammen	268 Offiziere,	5319 Mann.

Davon waren vermißt 4 Offiziere, 752 Mann.

Die deutsche Artillerie verlor an beiden Tagen zusammen 13 Offiziere, 191 Mann, 247 Pferde.

Der große Verlust an Vermißten erklärt sich aus dem Verlaufe der Ereignisse zur Genüge.

Munitionsverbrauch der Deutschen.

12 gez. 4=Pfdr. der Württemberger verbrauchten am 2. Dezbr.	869 Gran.
42 = = = Preußen = = = =	1512 =
54 gez. 4=Pfdr. der Deutschen verbrauchten also	2381 Gran.

6 gez. 6=Pfdr. der Württemberger verbrauchten am 2. Dezbr.	420 Gran.
4 = = = Sachsen = = = =	16 =
24 = = = Preußen = = = =	1329 =
34 gez. 6=Pfdr. der Deutschen verbrauchten also	1765 Gran.

Im Ganzen kamen also 88 deutsche Geschütze zum Feuern, sie verbrauchten 4146 Granaten, darunter 148 Brandgranaten.

Ueber den Munitionsverbrauch der Infanterie liegen leider zuverlässige Angaben nicht vor.

Die fünf Bataillone der 1. württembergischen Brigade verbrauchten am 2. Dezember 192 000 Patronen.

Dieselben fünf Bataillone verbrauchten einschließlich der zwei Kompagnien Regiments Nr. 5 am 30. November 200 000 Patronen.

Verluste der Franzosen.

Ueber die Verluste der Franzosen besitzen wir, wie gewöhnlich, keine unbedingt zuverlässigen Angaben. Zwar bringt General Ducrot in seinem Werke „Siège de Paris" sehr ins Einzelne gehende Verlustlisten der Franzosen, indessen leiden dieselben denn doch an großer Ungenauigkeit. Bei vielen Regimentern fehlen nämlich die Angaben über die Vermißten, obschon die betreffenden Truppentheile sehr scharf ins Feuer gekommen sind und ohne jeden Zweifel Massen von Vermißten verloren haben.

Es fehlen z. B. die Angaben über die Vermißten bei der Mobilgarden-Brigade Martenot, den Genietruppen und der Artillerie 1. Armeekorps; bei allen vier Regimentern der Division Berthaut, bei dem Regiment Nr. 125 und dem Bataillon Franktireurs der Division Maussion und endlich bei der gesammten Artillerie des 2. Armeekorps; bei der Brigade Journés und der ganzen Artillerie des 3. Armeekorps und bei der Reserve-Artillerie der Armee.

Es ergeben sich aber aus dem Werke Ducrots selbst Widersprüche. Er giebt z. B. den Verlust des Regiments Nr. 126 an zu:

16 Offizieren, 180 Mann todt und verwundet,
1   =   45   =   vermißt;

dagegen beziffert der in Ducrots Werke angeführte Auszug aus dem historique des Regiments Nr. 126 die Verluste dieses Regiments auf

14 Offiziere, 210 Mann todt und verwundet,
1   =   59   =   vermißt.

General Ducrot giebt also die Verluste um 19,5 pCt. geringer an, als das Regiment selbst dies thut.

Blume berechnet die Verluste der Franzosen in den beiden Schlachten von Villiers—Coeuilly bezw. Bry—Champigny auf Seite 108 seines Werkes: „Die Operationen der deutschen Heere von der Schlacht bei Sedan bis zum Ende des Krieges" auf 2316 Todte, während Ducrot nur 98 Offiziere, 1568 Mann als getödtet angiebt. Die Zahl der Vermißten giebt Ducrot zu 33 Offizieren, 1683 Mann an, während Blume allein 36 Offiziere, 1550 Mann als Gefangene berechnet.

General Ducrot ist also, ohne Absicht, offenbar weit hinter der Wahrheit zurückgeblieben, wie sich dies aus dem Unterlassen der Angaben über Vermißte bei so zahlreichen Truppentheilen ja leicht erklären läßt.

Wir werden daher zu den Verlustangaben Ducrots einen erheblichen Zuschlag machen müssen, indem wir die unterlassenen Angaben über Vermißte nach dem Durchschnitt der vorhandenen Angaben über Vermißte ergänzen.

Auf diesem Wege kommen wir zu folgendem Ergebniß: Der Gesammtverlust der Franzosen in den beiden Schlachten vom 30. November und 2. Dezember und in dem Gefechte von Montmesly läßt sich in runden Zahlen auf:

500 Offiziere, 12 500 Mann beziffern.

Hiervon entfallen ungefähr

450 Offiziere, 11 700 Mann auf die Infanterie,
30   =   700   =   =   =   Artillerie.

Ein großer Theil der französischen Truppen kam gar nicht ins Gefecht bezw. fand keine Gelegenheit thätig einzugreifen.

Dahin gehören:

2 Bataillone Regiments Nr. 120 der Division Berthaut,
3   =   Mobilgarden-Regiments Seine et Marne und
1 Bataillon 4. Zuaven-Regiments der Division Bellemare,
die Regimenter Nr. 105 und 106 der Division Mattat,
die 4 Mobilgarden-Bataillone der Gruppe Reille.

Dies sind im Ganzen 11 800 Gewehre, welche so gut wie gar nichts thaten und nur durch ihre Anwesenheit auf dem Schlachtfelde oder doch in der Nähe desselben am Gange der Ereignisse theilnahmen.

Ernsthaft ins Feuer kamen:

16 150 Gewehre der Mobilgarden, dieselben verloren rund 18,1 pCt. ihres Gefechtsstandes.

37 050 Gewehre der Linien-Infanterie, dieselben verloren rund 23,6 pCt. ihres Gefechtsstandes.

Auf die einzelnen Divisionen vertheilt sich der Verlust annähernd wie folgt:

Division Malroy . . 95 Offiziere, 2 400 Mann,
=   Faron . . 115   =   2 800   =
=   Susbielle . 60   =   1 350   =
=   Berthaut . 40   =   1 300   =
=   Maussion . 75   =   1 650   =
=   Bellemare . 40   =   1 400   =
=   Mattat . . 25   =   800   =

450 Offiziere, 11 700 Mann.

Die französische Feld-Artillerie verlor allein 695 todte Pferde. Davon entfallen auf die Artillerie des 1. und 2. Armeekorps 545 todte

Pferde (ohne Berücksichtigung der Division Susbielle), auf die vier gezogenen 8=Pfünder=Batterien der Armee=Reserve=Artillerie 59 todte Pferde. Die eben genannten Batterien zählten 162 Geschütze, ihre Bespannung erlitt mithin sehr namhafte Verluste; ein Umstand, welcher die Bewegungsfähigkeit der französischen Artillerie in äußerst nachtheiliger Weise beeinflussen mußte.

Man muß sich dabei vergegenwärtigen, daß die angegebenen Zahlen sich nur auf den Verlust an todten Pferden beziehen, also noch ein großer Verlust an verwundeten Pferden hinzugerechnet werden muß, welch' letztere natürlich für den Gebrauch gleichfalls ausfielen.

Unverwundet gefangen genommen wurden in den beiden Schlachten vom 30. November und 2. Dezember 36 Offiziere, 1550 Mann; in dem Gefechte von Montmesly 13 Offiziere, 240 Mann der Franzosen, zusammen 49 Offiziere, 1790 Mann.

Der Verlust der Franzosen an Todten und Verwundeten würde mithin in runden Zahlen 450 Offiziere, 10 700 Mann betragen haben.

Der große Durchbruchsversuch der Franzosen kostete demnach in runden Zahlen den beiden Gegnern folgende Verluste:

	Deutsche.		Franzosen.	
Todt und verwundet	264 Off.,	4700 Mann,	450 Off.,	10 700 Mann,
Gefangen	4 =	620 =	50 =	1 800 =
	268 Off.,	5320 Mann.	500 Off.,	12 500 Mann.

Wir haben hierbei berücksichtigt, daß ein Theil der deutscherseits Vermißten verwundet in Gefangenschaft fiel. Trophäen wurden weder auf der einen noch auf der anderen Seite erobert.

Ergebnisse der Schlacht vom 2. Dezember.

General Ducrot sagt Theil III, Seite 54 ff. seines Werkes:

Au point du jour, nos hommes, épuisés par la lutte acharnée du 30 novembre, glacés par deux froides nuits d'hiver, se laissent surprendre —. Tout d'abord, sur plusieurs points, le succès de l'ennemi est complet, mais le premier moment d'étonnement passé, la fermeté, la présence d'esprit de nos généraux, l'entrain de nos officiers, de nos soldats suppléent à tout. A 11 heures les Prussiens sont arrêtés sur toute la ligne; à 1 heure, leurs colonnes sont refoulées sur les hauteurs; à 4 heures, nous avons repris toutes les positions conquises dans la journée du 30.

Nous couchions sur le champ de bataille, mais nous n'avions ni Villiers, ni Coeuilly, clefs de la position.

Pouvions-nous encore demander un nouvel effort à ces soldats, dont beaucoup marchaient et travaillaient depuis 5 jours et 5 nuits, du 27 novembre au 2 décembre, qui, depuis 3 jours, bivouaquaient sur la terre glacée, sans couvertures, sans feu, qui, dans ces deux journées sanglantes, avaient perdu la plupart de leurs officiers, de leurs cadres?

Décimés, affaiblis, pourraient-ils emporter les positions que deux jours de combat n'avaient pu leur donner, alors qu'ils étaient pleins de vigueur et de confiance?

In diesen Worten liegt so ziemlich alles, was man über die Ergebnisse der Schlacht vom 2. Dezember für die Franzosen sagen kann. Nur das Eine möchten wir hinzufügen, daß die Franzosen wenigstens in Champigny keineswegs überall auf dem Boden schliefen, den sie am 30. November erobert hatten. Hier waren sie vielmehr recht energisch zurückgeworfen worden. Allerdings läßt sich der Wortlaut Ducrots nicht als unrichtig bezeichnen, denn auch der Theil von Champigny, in welchem die Franzosen sich am 2. Dezember behaupteten, war erst am 30. November von ihnen erobert worden.

Die Ergebnisse des 2. Dezember waren mithin für die Franzosen weit eher negativer Natur als positiver.

Für die Deutschen waren die Ergebnisse dieses Tages allerdings nicht um ein Haar besser. Der Versuch, die Franzosen über die Marne zurückzuwerfen, war vollständig gescheitert. Die Vorposten der Deutschen standen überall genau in denselben Stellungen, in welchen sie nach der Schlacht vom 30. November gestanden hatten. Nur in Champigny war ziemlich viel Boden gewonnen worden.

Man darf also die Schlacht vom 2. Dezember als eine durchaus unentschiedene bezeichnen. Die Schlacht war aus der Offensive der Deutschen hervorgegangen, welche keinen andern Zweck haben konnte und auch keinen andern Zweck gehabt hat, als die Franzosen über die Marne zurückzuwerfen. Dies war vollständig mißlungen und zwar unter sehr bedeutenden Verlusten.

Thatsächlich aber war am Abende des 2. Dezember dennoch jede Gefahr für die Deutschen vorüber. Es war klar, daß die Franzosen das Biwakiren ohne Feuer bei der strengen Kälte nicht mehr lange ertragen konnten, während die Deutschen nur ihre Vorposten biwakiren ließen, dagegen alle anderen Truppen unter Dach und Fach brachten, soweit dies nur irgend ermöglicht werden konnte.

Nun hatte sich bereits am 2. Dezember gezeigt, daß die Franzosen nicht mehr Kraft genug besaßen, um die eigentliche Vertheidigungsstellung der Deutschen anzugreifen. Nach einer weiteren bitterkalten Nacht und nach den schweren Verlusten, welche die Franzosen am 2. Dezember erlitten hatten, mußte ihre Angriffskraft noch weit mehr gebrochen sein.

Die Gefahr war also vorüber und der Durchbruchsversuch siegreich abgewehrt, wenngleich es nicht gelungen war, den Franzosen eine Katastrophe zu bereiten, wie dies im Bereiche der Möglichkeit gelegen hätte.

Betrachtungen über die Schlacht vom 2. Dezember.

Man gestatte uns wieder einige Bemerkungen, zu denen die soeben geschilderten Ereignisse Veranlassung geben.

1. Wir waren in der glücklichen Lage, über die höhere Führung der Deutschen in der Schlacht vom 30. November ein äußerst günstiges Urtheil abgeben zu können; leider ist dies in gleichem Umfange für die Schlacht vom 2. Dezember nicht möglich.

Die Franzosen standen am 2. Dezember früh in sehr bedrohlicher Nähe und in großen Massen auf dem linken Marne-Ufer, dicht vor der Hauptstellung der Deutschen. Es war unmöglich, die Spannung der Lage auf die Dauer zu ertragen. Es war also der Gedanke durchaus richtig, die Franzosen so schnell als möglich auf das rechte Ufer der Marne zurückzuwerfen. Allein die Art und Weise, wie dieser Gedanke verwirklicht wurde, kann unmöglich vor einer gerechten Kritik bestehen.

Ueber die Verhältnisse bei den Franzosen war man in ausreichender Weise unterrichtet. Man wußte, daß sehr bedeutende Truppenmassen unmittelbar vor der Front der Deutschen lagerten; man hatte die furchtbare Gewalt des französischen Artilleriefeuers mehr als gründlich kennen gelernt; man wußte, daß eine Behauptung der Dörfer Bry und Champigny nur unter den größten Verlusten ausführbar sein konnte, so lange nicht die Armee Ducrots eine völlige Niederlage erlitten hatte.

Andererseits bot sich aber eine glänzende Gelegenheit dar, die gesammte französische Ausfallsarmee unter furchtbaren Verlusten über die Marne zurückzuwerfen. Freilich mußte man sich darauf gefaßt machen, selbst dabei schwere Verluste zu erleiden und sofort nach der Zerstörung der französischen Marne-Brücken das eroberte Gelände wieder räumen zu müssen, um unnützen Verlusten durch die schwere Artillerie der Forts zu entgehen.

Wir glauben nun, daß die deutsche Heeresleitung an ein glückliches Durchführen ihrer Absicht, die Franzosen über die Marne zurückzuwerfen, nur dann denken konnte, wenn sie von Hause aus starke Truppenmassen zu dem Angriffe verwendete. Den ganzen 1. Dezember hatte man Zeit, diese Truppenmassen auf das Schlachtfeld heranzuziehen. Thatsächlich geschah dies auch in genügender Weise, obschon wir glauben, daß auch in dieser Beziehung mehr geleistet werden konnte.

Es war durchaus richtig, die Form eines Ueberfalles am frühen Morgen zu wählen. Man hatte im Laufe des Feldzuges hinreichende Erfahrungen darüber gesammelt, daß die Franzosen den Vorpostendienst außerordentlich nachlässig betrieben; in der Morgendämmerung durfte man auch darauf hoffen, daß die eigenen Verluste nicht gar zu groß sein würden. Es war endlich vorauszusehen, daß im Falle des Gelingens dieses Ueberfalls bei den Franzosen eine Panik ausbrechen würde.

Nichts wäre natürlicher gewesen, als daß man den zuerst zum Ueberfall bestimmten Truppen sofort ein zweites Treffen folgen ließ, welches im Stande war, die anfänglich mit ziemlicher Sicherheit zu erwartenden Erfolge der eigenen Truppen auf das Nachdrücklichste auszunutzen.

Man mußte sich darauf gefaßt machen, daß die Franzosen, sobald der erste Schrecken sich gelegt hatte, zu einem nachdrücklichen Gegenstoße schreiten würden. Ueber die Gefahr dieses mit Gewißheit zu erwartenden Gegenstoßes konnten nur frische, genügend starke eigene Truppen hinweghelfen.

57 französische Bataillone lagerten in dem Dreiecke Bry—Champigny—Joinville. Diese 57 französischen Bataillone hatten am 30. November zwar nur einen halben Sieg, aber doch immerhin einen Sieg erfochten: sie schliefen schon zwei Nächte auf demselben Boden, der vorher im Besitze der Deutschen gewesen war. Man mußte also zu der angeborenen französischen Tapferkeit und Geschicklichkeit auch noch das Gefühl des Sieges hinzurechnen. Wahrlich, diese 57 französischen Bataillone waren keine gering zu schätzenden Gegner.

Was geschah nun deutscherseits, nachdem man reichlich 24 Stunden Zeit gehabt hatte, sich die Gefechtslage klar zu machen? Drei württembergische Bataillone greifen Champigny an, drei sächsische Bataillone Bry; zwischen beiden Gruppen ist keine Spur von Verbindung, nur zwei schwache württembergische Kompagnien greifen das Bois de la Lande an, ohne nach rechts und links irgend welchen Anschluß an eigene Truppen zu haben. Hinter diesen schwachen $6^{1}/_{2}$ Bataillonen folgt nicht ein Mann Reserve.

In dieser Art der Ausführung eines an sich ganz richtigen Gedankens liegt denn doch eine durch nichts zu rechtfertigende Unterschätzung des Gegners!

Weshalb gab man nicht dem damaligen Kronprinzen von Sachsen das einheitliche Kommando über alle zur Entscheidungsschlacht bestimmten Truppen, mit dem ausdrücklichen Hinzufügen, daß er selbst die Schlacht zu leiten habe. Der Kronprinz von Sachsen hatte sein ungewöhnliches Talent zur Schlachtenleitung bereits 1866 bei Königgrätz, noch mehr aber am 18. August 1870 bei St. Privat la Montagne bewiesen, ebenso bei Beaumont und bei Sedan. General v. Moltke selbst hat sich in glänzender Weise über diesen Feldherrn ausgesprochen. General v. Fransecky war ein Held, das hatte er am 3. Juli 1866 der Welt im Walde von Masloweb gezeigt; daß er aber ein genialer Heerführer sei, hatte er niemals bewiesen, weder bei Blumenau 1866, noch bei dem Angriff auf Point du Jour am späten Abend des 18. August 1870. Wenn man nun in der glücklichen Lage ist, einen erprobten, ganz ungewöhnlich begabten Feldherrn zu besitzen, weshalb überträgt man ihm nicht die einheitliche Leitung einer entscheidenden Schlacht?

Wir glauben, daß dies ein schwerer Mißgriff war, den wir am 2. Dezember blutig büßen mußten.

Thatsächlich stachen die schwachen deutschen Angreifer überall in ein Wespennest. Es entstand allerdings im ersten Augenblick eine sogar sehr ernste Panik bei den Franzosen, allein es waren keine frischen Truppen rechtzeitig zur Stelle, um diese Panik weiter auszudehnen und die Erfolge zu ernten, welche die ersten Angreifer angebahnt hatten.

Das Generalstabswerk sagt Theil II Seite 569 wörtlich Folgendes: „Infolge des hartnäckigen Widerstandes der Franzosen bei Bry und Champigny zog General v. Fransecky nunmehr die 6. Brigade von Sucy nach Chennevières, die 5. nebst vier Batterien der Korps= Artillerie des 2. Armeekorps von Marolles nach Coeuilly heran. Das 6. Korps wurde aufgefordert, eine Brigade in Villeneuve St. Georges bereitzustellen."

Weshalb hatte man diese Truppentheile nicht schon um 6 Uhr früh an Ort und Stelle? Dann würde der Angriff auf Bry und Champigny gelungen sein und es hätte trotz allen Granatfeuers der französischen Forts für die Armee Ducrots eine Katastrophe eintreten können, deren Folgen gar nicht zu berechnen sind. Man durfte den Franzosen gar nicht Zeit lassen, sich von dem ersten Schrecken zu erholen. Man mußte nicht bloß Bry und Champigny überfallen, sondern ebenso und zur selben Zeit die Stellungen der Franzosen an den Kalköfen von Champigny, in der Thalmulde des Baches von La Lande und auf den Höhen 109 und 100 vor Villiers. Die Angriffskolonnen mußten sich gegenseitig unterstützen, überall flankirend eingreifen; starke Reserven mußten die ersten Erfolge weiterführen.

Es wäre eine Kleinigkeit gewesen, am 2. Dezember früh 6 Uhr auf der Linie Noisy — Villiers — Coeuilly — Chennevières folgende Truppenmassen zu versammeln:
1. das ganze 2. preußische Armeekorps mit 23 Bataillonen, 84 Geschützen;
2. die thatsächlich versammelten 16¼ Bataillone, 60 Geschütze der Sachsen;
3. wenigstens 10 Bataillone, 36 Geschütze der Württemberger;
4. 7 Bataillone, 24 Geschütze des 6. preußischen Armeekorps.

Dann konnte man 5 Angriffskolonnen zu je 3 Bataillonen formiren, welche auf Champigny, die Kalköfen von Champigny, das Bois de la Lande, die Höhen 109 und 100 vor Villiers und auf Bry gleichzeitig vorzugehen hatten. Diesen 15 Bataillonen konnten weitere 15 Bataillone und eine zahlreiche Artillerie im 2. Treffen folgen. Dann behielt man noch immer 26¼ Bataillone in Reserve, aus welchen man je nach Erforderniß frische Truppen dorthin vorschieben konnte, wo ein besonders zäher Widerstand der Franzosen deren Eingreifen nöthig gemacht haben würde.

Wir haben gesehen, welch' glänzende Erfolge die 6½ deutschen Bataillone im Anfang hatten, welche thatsächlich ohne jede unmittelbar folgende Reserve zum Ueberfall vorgingen. Welche Erfolge würden wohl 30 deutsche Bataillone unter den gleichen Umständen gehabt haben?

Wir haben hier wieder einmal denselben Erbfehler zu verzeichnen, den wir im Kriege von 1870/71 mit seltenen Ausnahmen in jeder Schlacht begingen: das Einsetzen ungenügender Kräfte, um ein an sich durchaus richtiges Ziel zu erreichen.

Ohne jeden Zweifel würden die 30 deutschen Bataillone schwere Verluste durch das Granatfeuer der französischen Forts erlitten haben, allein welche entsetzlichen Verluste würden wohl die Franzosen erlitten haben, wenn ihre Massen unter dem Schnellfeuer unserer Infanterie und Artillerie über die Marne zurückgeworfen worden wären? Man erinnere sich nur daran, daß thatsächlich die beiden Divisionen Susbielle und Bellemare sofort nach dem Ueberfalle auf das Schlachtfeld herangezogen wurden. Die nach vorwärts strebenden Massen dieser beiden

Divisionen würden dann an den Marne-Brücken mit den zurückströmenden Massen der geworfenen Armee Ducrots zusammengestoßen sein und in dieses wilde Drängen von großartigen Massen konnte unsere vorzügliche Artillerie ihre mit unheimlicher Sicherheit treffenden Granaten hineinschleudern, während das Schnellfeuer unserer Infanterie ein gar nicht zu fehlendes Ziel gefunden haben würde! Man vergegenwärtige sich nur, daß weder die Brücken von Neuilly, noch diejenigen von Bry in diesem Fall von den Franzosen benutzt werden konnten. Es blieben ihnen also nur die fünf Brücken von Joinville und die zwei Brücken der Insel de Beauté zur Verfügung. Wahrlich es konnte das Schreckensbild von der Beresina in noch viel furchtbarerer Weise sich hier wiederholen!

Welch' unheilvollen Eindruck würde eine solche grauenhafte Niederlage wohl in Paris gemacht haben, zur selben Zeit, als dort die Hiobsnachrichten von der vollständigen Niederlage der Loire-Armee bei Orléans eintrafen.

Genug davon. Es wär' zu schön gewesen, es hat nicht sollen sein.

2. Taktisch wurde der Ueberfall auf Champigny und auf Bry sehr geschickt ausgeführt. Württemberger und Sachsen kamen unbemerkt bis dicht an die Franzosen heran, es gelang im vollsten Sinne des Wortes, die letzteren zu überraschen.

Die Franzosen waren wieder einmal in ihren alten Fehler verfallen, nämlich in eine geradezu unverantwortliche Nachlässigkeit im Vorpostendienste. Sie erholten sich aber schnell von ihrem ersten Schrecken, und da den Deutschen keine Reserven folgten, trat alsbald ein Stillstand im Gefechte ein.

Bei dem Angriff der beiden württembergischen Kompagnien auf das Gehölz von La Lande erfolgte der unter den obwaltenden Umständen unvermeidliche Rückschlag sofort. In Bry wurde der Rückschlag zwar durch die Tapferkeit der Sachsen lange verzögert, der Ort mußte aber schließlich doch geräumt werden, wobei eine bedeutende Anzahl von Gefangenen den Franzosen in die Hände fiel.

Nur in Champigny gelang es, die offensiven Rückschläge der Franzosen gründlich zu vereiteln, weil hier rechtzeitig frische preußische Truppen in den Kampf eingriffen.

Leider geschah aber dieses Eingreifen nach der damals so sehr beliebten Manier, nämlich tropfenweise.

Um $8^{1}/_{2}$ Uhr früh traten $6^{1}/_{2}$ preußische Kompagnien von I. und II./49 in den Kampf ein, denen eine weitere Kompagnie als Reserve folgte. Gegen 10 Uhr früh wurden dann abermals vier frische Kompagnien von F./49 in das Gefecht geworfen; eine Stunde später nochmals vier frische Kompagnien vom preußischen Jäger-Bataillon Nr. 2. Dann ging das Bataillon I./14 nach Champigny vor, endlich verlängerte um 1 Uhr Mittags das Bataillon F./14 den rechten Flügel der Preußen.

Wir haben also zu fünf verschiedenen Malen das Einsetzen frischer Kräfte zu verzeichnen; jedesmal genug, um den Franzosen den Sieg vorläufig zu entreißen, stets aber zu wenig, um den Erfolg zu einem vollständigen zu machen.

3. Von hohem Interesse ist der siegreiche Kampf der beiden preußischen Bataillone vom Kolbergschen Grenadier-Regiment am Eisenbahndamm.

Nachdem diese beiden Bataillone ihre Stellung erobert und siegreich behauptet hatten, blieben sie mit dem rechten Flügel an den fast 30 Fuß hohen Bahndamm gelehnt stehen. Jenseits dieses selben Bahndammes, gar nicht weit entfernt, stand die französische Division Berthaut, welcher es jedoch gar nicht einfiel, durch einen wuchtigen Flankenangriff die paar Hundert Mann Kolbergscher Grenadiere zu vertreiben, obschon dies sehr leicht gewesen wäre.

4. Das Verhalten der deutschen Artillerie war ebenso musterhaft wie am 30. November. Besonders möchten wir die glänzende Wirkung der preußischen Batterien gegen die französische Artillerie zwischen dem Eisenbahndamm und den Kalköfen von Champigny hervorheben, ebenso das entschlossene Eingreifen der vier preußischen Batterien gegen die Flanke der französischen Artilleriemasse vor Villiers.

5. Der geradezu verwegene Angriff der zwei Kompagnien württembergischen Regiments Nr. 1 auf das Bois de la Lande beweist am besten, welche Erfolge die Deutschen hätten erzielen können, falls sie mit genügend starken Kräften gleich anfangs vorgegangen wären. Das glänzende Gefecht der beiden Bataillone Kolbergschen Grenadier-Regiments am Eisenbahndamm spricht wiederum für die Richtigkeit unserer obigen Behauptung.

Vom Bahndamm aus konnte man das Gelände nach Bry hin flankirend bestreichen und auf diese Weise den gleichzeitigen Angriff der Sturmkolonne, welche über Höhe 109 und 100 vorzugehen hatte, wesentlich erleichtern.

6. Der Angriff der Sachsen auf Bry litt gleichfalls an dem Fehlen einer Reserve. Es hat keinen Zweck, frische Truppen erst dann vorzuschieben, wenn die zuerst in den Kampf geworfenen Bataillone

nahezu aufgebraucht sind. Man erzielt dann höchstens einen Ersatz, aber keineswegs eine Vermehrung der vorhandenen eigenen Kräfte. Nur eine starke Vermehrung der eigenen Kräfte ist aber im Stande, entscheidende Erfolge zu zeitigen.

7. Genau dasselbe gilt von dem Gefecht des sächsischen Regiments Nr. 108. Der glänzende Heldenmuth dieses tapferen Regiments wurde nutzlos verschwendet. Aber auch hier lehrt eine aufmerksame Betrachtung der Ereignisse, welche Erfolge erzielt werden konnten, wenn statt des einen Bataillons gleich zuerst ein ganzes Regiment angegriffen hätte, welchem drei weitere Bataillone im zweiten Treffen gefolgt wären. Die hier zurückgeworfenen französischen Truppen mußten im wirksamsten Schnellfeuer der längs des Eisenbahndammes vorgehenden Angriffskolonne zurückgehen. Welche entsetzlichen Verluste würden sie wohl erlitten haben?

8. Die höhere Führung der Franzosen hat am 2. Dezember sich keineswegs besonders bewährt. Wir haben zwar gesehen, wie General Ducrot persönlich sich bemühte, der bei dem 1. französischen Armeekorps ausgebrochenen Panik Einhalt zu thun und die Flüchtlinge wieder zu beruhigen; dann aber wurde er selbst kleinmüthig und befahl die Räumung von Bry, als General d'Exéa meldete, daß die Gefechtslage bei dem 3. Armeekorps bedrohlich sei. Erst General Trochu verhinderte die Räumung, welche bereits begonnen hatte.

Wenn die Deutschen in der von uns ausführlich angegebenen Weise gleichzeitig mit fünf starken Angriffskolonnen am frühen Morgen des 2. Dezember die Franzosen überfallen hätten, dann wäre allerdings die Gefechtslage der bei Bry und nördlich des Bahndammes kämpfenden Franzosen eine verzweifelte geworden. Leider war dies aber in Wirklichkeit ganz und gar nicht der Fall. Die Aengstlichkeit des Generals d'Exéa war also gänzlich unbegründet. Wir haben schon am 30. November gesehen, wie dieser General übermäßig zur Vorsicht neigte und wie wenig er der hohen Stellung des Kommandeurs eines Armeekorps gewachsen war.

Die beiden Brigadegenerale Paturel und Daubel scheinen sich vortheilhaft hervorgethan zu haben, von den übrigen Generalen kann man dafür aber recht wenig Erfreuliches berichten. Nirgends zeigte sich der ernste Wille, die Deutschen in ihrer Hauptstellung anzugreifen. Man gewinnt vielmehr den Eindruck, als ob die Franzosen herzlich froh darüber waren, daß sie einen Theil von Champigny behauptet, Bry wieder erobert und den Angriff des sächsischen Regiments Nr. 108

glücklich überstanden hatten. Ja es scheint, daß die Kräfte der bisher im Kampf gewesenen Truppen ziemlich verbraucht waren, als sehr zur rechten Zeit die frischen Divisionen Susbielle und Bellemare erschienen.

Die französische Artillerie benahm sich ganz ebenso heldenmüthig, wie am 30. November.

Am allerwenigsten leistete die Division Berthaut. Ihr Verhalten ist geradezu unbegreiflich, besonders da ihre Verluste sehr gering waren. Diese Division war in der Lage, in dem Kampfe am Eisenbahndamm eine für die Franzosen glänzende Entscheidung herbeizuführen. Sie that aber so gut wie gar nichts. Anscheinend fehlte ihrer Führung jede Energie.

Wie wichtig es ist, in einer großen Schlacht die Einheitlichkeit des Oberbefehls zu wahren, lehrt der Zwischenfall mit dem General Favé. Es ist in der That ein starkes Stück, wenn der Oberkommandant einer Armee mitten während einer entscheidenden Schlacht nicht einmal im Stande ist, sich Gehorsam zu verschaffen und seine eigenen Absichten durchzuführen.

Nirgends sehen wir am 2. Dezember einen kühnen Entschluß eines französischen Generals. Am 30. November ermannten sich die Franzosen doch wenigstens zu einigen recht tapfer ausgeführten Angriffen gegen die Parks von Villiers und von Coeuilly. Am 2. Dezember reichte offenbar die Energie der Franzosen nur noch dazu aus, sich selbst der Angriffe der Deutschen zu erwehren.

Nur in einem Punkte war die französische Führung der deutschen Führung überlegen. Die Franzosen setzten ihre Truppen durchaus nicht tropfenweise ein, sie verwendeten vielmehr alles, was sie in der Hand hatten und wenn ihre Angriffsstöße nicht noch massiger und wuchtiger ausfielen, als dies in der That der Fall war, so lag dies nicht an der Führung, sondern nur an dem unheilvollen Einfluß der Panik und an dem Ungeschick der jungen Truppen in den Bewegungen in Masse.

Nur der Division Berthaut kann man auch dieses Lob nicht zu Theil werden lassen, sie unternahm nicht einen einzigen Massenangriff, weder am 30. November, noch am 2. Dezember.

9. Interessant ist die eigenthümliche Verwendung der berittenen Stabsordonnanzen Ducrots zum Herbeiholen frischer Patronen in Säcken für die Schützenlinien. Thatsächlich gelang dieses Manöver. Immerhin dürfte es ein Fingerzeig sein, wie man unter Umständen am schnellsten frische Munition in Masse nach den feuernden Schützen= linien hinbringen kann. Wenn auch ein paar Reiter bei ähnlichen Ver=

suchen fallen sollten, so läßt sich doch hoffen, daß bei einiger Gunst des Geländes auf diese Weise der Munitionsersatz recht schnell bewirkt werden kann.

Auch das Eingreifen des Hauptmanns vom französischen Generalstabe verdient Anerkennung, welcher im richtigen Augenblicke der Brigade Daudel drei Munitionswagen mit frischer Munition herbeiführte.

Taktische Einzelheiten aus dem Dorfgefecht in Champigny.

Bei dem Ueberfall von Champigny drangen die Württemberger sehr richtig gleich anfangs so weit als möglich vor, bis über die Rue Champignolle hinaus. Die Rue de la croix wurde besetzt und sofort zur Vertheidigung eingerichtet. Ihre etwa 8 Fuß hohe Einfassungsmauer gewährte sehr schöne Deckung. Auch die Einfassungsmauer des Petit Bois an der Gipsbrennerei wurde zur Vertheidigung eingerichtet, während man bei der nördlichen Einfassungsmauer dieses Gehölzes die von den Franzosen eingebrochenen Schießscharten benutzen konnte. Die Mauer der Gipsbrennerei hatte zwar nur eine Höhe von etwa 3 Fuß, sie lag dagegen sehr hoch, so daß die Württemberger an ihr und an der Mauer der Straße de la croix einen sehr schönen Rückhalt besaßen und von hier aus das ganze freie Gelände nordwestlich von Champigny wirksam bestreichen konnten.

Bei dem Kampfe im Dorfe selbst durchschlugen die Württemberger die Zwischenwände der Häuser und drangen auf diese Weise von Haus zu Haus vor. In dem großen Gehöft der Gipsbrennerei lag eine Villa, welche von den Württembergern in allen Stockwerken zur Vertheidigung eingerichtet wurde und bei den Gegenangriffen der Franzosen sehr gute Dienste leistete.

Die Franzosen besetzten ihrerseits die Kirche von Champigny und alle Häuser, von denen aus man die Deutschen beschießen konnte, bis zu den Dächern hinauf.

Der unheimliche Einfluß des Flankenfeuers zeigte sich recht deutlich in dem Ergebniß, welches ein einziger französischer Unteroffizier mit fünf Mann erzielte. Diese sechs Mannschaften setzten bekanntlich nach der Insel de Champigny über und beschossen von hier aus den linken, ziemlich ungedeckt liegenden Flügel der Deutschen so wirksam, daß derselbe zurückgenommen werden mußte.

Leider gelang es den Deutschen an keiner Stelle, die Flanken der Franzosen recht wirksam zu fassen. Wenn gleich anfangs die Kallöfen und das Bois de la Lande von je einer starken deutschen Angriffskolonne genommen und behauptet worden wären, wie dies leicht möglich war, dann konnten die Deutschen von den Kalköfen her flankirend längs des chemin du four à chaux auf die Rue de Bonneau, die Rue Mignon und die Chaussée du Pont vordringen und die vorwärts dieser Straßen kämpfenden Franzosen in der Flanke und im Rücken fassen.

In Wirklichkeit gelang es den Deutschen nur folgende Stellungen zu erobern und zu behaupten: Die Rue de Champignolle, einen Häuserkomplex zwischen der Hauptstraße und der Rue des Roches, die Rue de la croix, die Gipsbrennerei und die unmittelbar am Wege Gipsbrennerei—Villiers gelegenen Steinbrüche bezw. Kiesgruben. Ueberall stand man hier den Franzosen frontal gegenüber; nirgends vermochte man den Widerstand des gut gedeckten Gegners völlig zu brechen.

Maßregeln der Franzosen für den 3. Dezember.

Die neuesten Depeschen Gambettas meldeten den Vormarsch der Loire=Armee in der Richtung auf Fontainebleau, sie konnte angeblich jeden Augenblick dort ankommen. Es schien daher dem General Ducrot das Beste zu sein, die schwer eroberten und schwer behaupteten Stellungen auf der Linie Bry—Champigny auch fernerhin mit seiner Armee besetzt zu halten. In diesem Sinne wurden daher alle Anordnungen getroffen.

Im Louvre, dem Sitze des Generalstabes des Generals Trochu, erwog man dagegen einen abenteuerlichen Plan. Die ganze 2. französische Armee sollte in der Nacht zum 3. Dezember auf allen verfügbaren Parallelstraßen durch Paris hindurch marschiren, die Seine auf der einzigen verfügbaren Brücke von Neuilly überschreiten und die Stellungen des 5. preußischen Armeekorps angreifen. General Trochu wies jedoch diesen in hohem Grade seltsamen Vorschlag kurzer Hand zurück. Die Armee Ducrots verblieb also vorläufig auf dem blutgetränkten Schlachtfelde.

Maßregeln der Deutschen für den 3. Dezember.

In der Nacht zum 3. Dezember wurden 7 Bataillone und 2 Batterien der Garde=Landwehr=Division, sowie 3 Schwadronen, 6 Batterien des 5. und 11. Armeekorps nach dem rechten Flügel der 3. Armee in Marsch gesetzt. Infolge dessen war das 6. preußische Armeekorps in der Lage, außer der auch am 2. Dezember wieder auf das rechte Seine=Ufer entsandten 21. Infanterie=Brigade noch eine weitere Brigade mit starker Artillerie zur Absendung auf das Schlachtfeld bereit zu halten.

Im Uebrigen wurde auf deutscher Seite ein entscheidender Entschluß nicht gefaßt. Ein neuer Angriff auf die Stellungen der Franzosen lag nicht in der Absicht des Generals v. Fransecky.

VI. Der 3. Dezember.

General Ducrot entschließt sich dazu, seine Armee über die Marne zurückzuführen.

Am Morgen des 3. Dezember nahm die französische Feld-Artillerie im Allgemeinen ihre alten Stellungen wieder ein. Die Batterie 16/14 der Reserve-Artillerie 2. Armeekorps war infolge ihrer großen Verluste aufgelöst worden; zwei Geschütze dieser Batterie verstärkten die Batterie 5/21 der Reserve-Artillerie 2. Armeekorps, welche auf vier Geschütze herabgemindert worden war. Die gezogene 8-Pfünder Batterie 6/22 verstärkte die Reserve-Artillerie 3. Armeekorps auf dem Hügel von Le Perreux.

Auf der Halbinsel von St. Maur war General Javé infolge seiner Widersetzlichkeit in der Nacht zum 3. Dezember seines Kommandos enthoben worden; die Batterien und die Truppen der Halbinsel von St. Maur besetzten nunmehr ihre alten Stellungen ganz im Sinne Ducrots.

Mit Tagesanbruch durchritt General Ducrot die Stellungen seiner Armee. Ueberall fand er seine Truppen erschöpft, zitternd vor Kälte, ermüdet, mangelhaft ernährt. Ernste Befürchtungen stiegen in der Seele des Oberkommandeurs auf, ob diese Truppen bei ihrem so traurigen Zustande im Stande sein würden, einem neuen Angriffe der Deutschen erfolgreichen Widerstand zu leisten. Er faßte daher den Entschluß, die 2. Armee über die Marne zurück zu führen, noch ehe er seinen Ritt beendet hatte.

Um die Rückzugsbewegung zu maskiren, mußten die französischen Batterien ihr Feuer eröffnen, die französischen Vorposten sofort zum Angriffe übergehen.

Angriffe der Franzosen am Morgen des 3. Dezember.

Gegen 6½ Uhr früh wurden die preußischen Vorposten in und bei Champigny überall von kleinen französischen Abtheilungen angegriffen. In Champigny und an den Abhängen des linken Marne-Ufers wiesen die 2. Kompagnie Jäger-Bataillons Nr. 2 und die Kompagnien 9, 11/49 einen Angriff der Franzosen ab.

In der Gegend des Spitzenparkes und der Gipsbrennerei gelang es den Franzosen zuerst, die Vorposten der Preußen zurückzudrängen. Schleunigst wurden aber 5., 8./49 und 1 Kompagnie Regiments Nr. 14

vorgezogen und es gelang nun den ins Gefecht tretenden Kompagnien 1, 4 des Jäger=Bataillons Nr. 2 und dem 1. Bataillon sowie der 6. Kompagnie Regiments Nr. 49, also zusammen 7 Kompagnien, die Franzosen auch hier zurückzuwerfen.

Weiter rechts nahm das Bataillon I/14 alle vier Kompagnien in die erste Linie, ging den Franzosen selbst angriffsweise entgegen, und trieb sie mit leichter Mühe zurück.

Etwas ernster war der Angriff der Franzosen gegen den Park von Villiers. Hier vermochte das Feuer der Feldwachen nicht die Franzosen zur Umkehr zu bewegen, sie waren vielmehr schon auf etwa 20 m an den Park herangekommen und versuchten, die Nordwestecke der Parkmauer zu übersteigen; jetzt aber warfen sich die 2. und 4. Kompagnie württembergischen 3. Jäger=Bataillons und die Kompagnie 6/5 den Franzosen entgegen, besetzten schleunigst die Parkmauer und zwangen durch ihr sicheres Feuer die Franzosen zur raschen Umkehr bis hinter den Rand der Höhe.

Deutscherseits merkte man sehr bald, daß es sich um eine ernsthafte Erneuerung der Schlacht nicht handle. Das Gewehrfeuer erstarb auf der ganzen Linie sehr früh.

Maßregeln der Deutschen.

Für alle Fälle rüsteten sich aber die Deutschen dennoch zu energischer Abwehr eines etwaigen neuen Angriffs der Franzosen.

Kurz nach 7 Uhr standen in Champigny kampfbereit das preußische Jäger=Bataillon Nr. 2, Regiment Nr. 49, dicht dahinter Regiment Nr. 14. Das Bataillon II/54 hielt mit je 2 Kompagnien Chennevières und den Jägerhof besetzt, I. und F./34, F./54 standen an der Allee nach Coeuilly.

Oestlich von Chennevières stand Regiment Nr. 9 mit 6 Batterien der Korps=Artillerie 2. Armeekorps; vermuthlich war hier auch die 5. leichte Batterie 2. Armeekorps. Ferner befanden sich dort die Regimenter Nr. 10 und 38 des 6. Armeekorps.

Bei Boissy St. Léger, also hinter der Stellung von Bonneuil—Valenton, sammelte sich die 8. Infanterie=Brigade nebst 3 Batterien der 4. Infanterie=Division.

Im Anmarsche auf Chennevières befanden sich die Regimenter Nr. 2 und 42, sowie die 4 Batterien der 3. Infanterie=Division.

Villiers hielten das 3. württembergische Jäger=Bataillon und Regiment Nr. 5 besetzt; die 3 Batterien der 2. württembergischen Brigade standen in den Geschützbedeckungen nördlich und südlich des Parkes.

Hinter Villiers standen die Regimenter Nr. 1 und 7 und die 3 Batterien der 1. württembergischen Brigade; während das 2. württembergische Jäger-Bataillon und Regiment Nr. 2 Noisy besetzt hielten. Die 3. württembergische Brigade erreichte gegen 11 Uhr Coeuilly. Hinter Noisy stand Regiment Nr. 105 mit den beiden leichten Batterien der 24. Division; der Rest dieser Division und die eine Hälfte der Korps-Artillerie sächsischen Armeekorps befanden sich im Walde von Malnoue, die andere Hälfte der Korps-Artillerie und die beiden schweren Batterien der 24. Division bei La Grenouillère. Das Bataillon III./100 besetzte Gournay.

Es befanden sich also zwischen Seine und Marne kampfbereit:

Alle verfügbaren Truppen des 2. preußischen Armeekorps und sechs Bataillone des 6. Armeekorps.

Die gesammte württembergische Division.

Die durch vier Bataillone der 23. Division und die ganze sächsische Korps-Artillerie verstärkte 24. Division.

Dies waren völlig ausreichende Kräfte, um jede Erneuerung des Durchbruchsversuches der Franzosen gründlich abzuweisen. Die Franzosen dachten auch gar nicht daran, durch eigene Offensive die Schlacht wieder zu erneuern; sie traten vielmehr, wie wir wissen, bereits am 3. Dezember den Rückzug hinter die Marne an.

Rückzug der Franzosen hinter die Marne.

Zunächst überschritten die Trains der Armee Ducrots die Marne, dann begann der Abzug der Truppen. Die Division Malroy ging vorzeitig zurück und entblößte dadurch die rechte Flanke des 2. französischen Armeekorps. Indessen warf General Berthaut noch rechtzeitig das Regiment Nr. 119 der Division Susbielle in die Lücke.

Den einzelnen französischen Divisionen wurden zur Ausführung des Rückzuges folgende Brücken überwiesen:

Der Division Bellemare die Brücken von Nogent;
der Brigade Daudel die Brücken von Bry;
den Divisionen Malroy
          Susbielle } die Brücken der Insel Fanac;
          Berthaut
der Division Faron die Brücken von Joinville.

Die Gruppe Reille räumte Neuilly sur Marne. Schon um 1 Uhr Nachmittags wurden die Brücken von Bry abgefahren, um 2 Uhr die Brücken von Nogent.

Die württembergische Artillerie fand wiederholt Gelegenheit zu feuern. Die 9. Batterie zwang z. B. durch ihr Feuer eine bei den Kalköfen aufgefahrene französische Batterie zum Abfahren.

Im Uebrigen kam es nirgends mehr zu irgend welchem auch nur nennenswerthen Zusammenstoße.

Die Franzosen ließen die Regimenter Nr. 35 und 42 der Division Faron und das Regiment Nr. 126 der Division Maussion auf der Halbinsel von Joinville zurück. Die gesammte übrige II. Armee befand sich am 3. Dezember Abends wieder auf dem rechten Marne=Ufer, wo sie in der Gegend von Nogent, Vincennes und Joinville theils biwakirte, theils Ortsunterkunft bezog.

Wiedereroberung des Gehöftes von Le Plant.

Die in den folgenden Tagen auf Seite der Deutschen zur Ausführung gelangten Truppenverschiebungen haben für uns kein weiteres Interesse. Nur soviel wollen wir erwähnen, daß die württembergische Division nunmehr den Raum von Noisy bis Bonneuil, das 2. preußische Armeekorps die Strecke von Bonneuil bis zur Seine zu decken hatte.

Schon am 4. Dezember früh fanden die deutschen Patrouillen Bry, Champigny und die Höhen von Villiers von den Franzosen geräumt.

Am Abend des 5. Dezember erhielten die 5. und 8. Kompagnie 2. württembergischen Regiments und die Kompagnie 8./61 den Befehl, Le Plant durch Ueberfall zu nehmen. Dieser Ueberfall wurde geschickt und glücklich ausgeführt. Die Franzosen wurden wieder einmal beim Abkochen überrascht und ließen die gefüllten Kochkessel im Stich, indem sie schleunigst nach Joinville zurückwichen.

Der Verlust der Deutschen betrug nur drei Mann.

Am 6. Dezember früh rückten etwa 1½ französische Bataillone von Joinville gegen Le Plant vor. Hier befanden sich auf Vorposten die 2. und 3. Kompagnie württembergischen Jäger=Bataillons Nr. 3, zu deren Unterstützung sofort die 7. und 8. Kompagnie 2. württembergischen Regiments vorgezogen wurden. Es gelang, die Franzosen zu werfen und bald nach 10 Uhr früh konnten die württembergischen Jäger ihre regelmäßige Vorpostenstellung wieder beziehen. Die Württemberger verloren 11 Mann todt und verwundet.

Die Franzosen behielten von nun ab nur noch einen ganz kleinen Theil der Halbinsel von Joinville dicht vor der dortigen Brücke besetzt; erst am 2. Januar 1871 verließen sie auch diese standhaft behaupteten Stellungen unter gleichzeitiger Zerstörung der Brücke.

Gesammtergebniß der Marne-Schlachten.

Die große Ausfalls-Armee der Franzosen zählte 75 350 Gewehre, 2750 Säbel, 306 Geschütze oder einschließlich der Offiziere, der Nichtstreitbaren und der Trainsoldaten 90 000 bis 100 000 Mann auf dem Verpflegsstande. Eine gewaltige, imposante Masse von schwerem und schwerstem Festungsgeschütz unterstützte überall die französischen Feldtruppen; es gelang den Franzosen trotz aller widrigen Zwischenfälle, die Vorposten der Deutschen überraschend anzugreifen und dennoch war nach zwei äußerst blutigen Schlachten das Endergebniß der Rückzug der großen Ausfalls-Armee nach Paris.

Einschließlich der Kämpfe von L'Hay, von Epinay, der Ausfallsgefechte und Demonstrationen gegen das 5. und 6. preußische Armeekorps muß man den Verlust der Franzosen vor Paris vom 29. November bis 4. Dezember auf rund 560 Offiziere, 14 300 Mann schätzen.

Der Verlust der Deutschen in denselben Kämpfen betrug 303 Offiziere und rund 5860 Mann.

Stark abgerundet belief sich also der Verlust der Franzosen auf 15 000, der Verlust der Deutschen auf 6200 Köpfe.

Das Endergebniß war für die Franzosen gleich Null.

Schlußbetrachtungen.

1. Es war ein großer Fehler der französischen Regierung de la défense nationale, in Paris 275 000 Mann Linien- und Marine-Truppen bezw. Mobilgarden zusammen zu häufen, wo sie doch nur unnütze Esser waren. 125 000 Mann genügten, um vereint mit der Nationalgarde Paris und seine Forts gegen jeden gewaltsamen Angriff zu schützen. Dann hätte man 150 000 Mann verhältnißmäßig guter Truppen in der Provinz mehr gehabt, in Paris aber 150 000 Esser weniger. Auf 150 Tage der Dauer des Widerstandes von Paris berechnet, macht das nicht weniger als 22½ Millionen Portionen; man hätte also die Dauer des Widerstandes von Paris dadurch um gut 15 Tage, vielleicht auch noch um mehr verlängert.

Die um 150 000 Mann verstärkten Provinzial-Armeen mußten dann im Stande sein, die Deutschen zur Aufhebung der Belagerung zu zwingen. Es gelang bekanntlich den Deutschen nur unter Aufbietung der äußersten Kraftanstrengung und unterstützt durch die größten Fehler der französischen Generale, die Entsatz-Armeen immer aufs Neue wieder zu schlagen. Wenn aber diese Entsatzheere um 150 000 Mann stärker gewesen wären, dann darf wohl der kühnste Optimist nicht mehr behaupten, daß die Deutschen mit einer so erdrückenden Uebermacht fertig geworden wären, besonders wenn man sich erinnert, daß die Armee des Prinzen Friedrich Karl vor dem 20. November nicht an der Loire eintreffen konnte.

Es hatten dann die französischen Entsatzheere zwei volle Monate Zeit, sich zu organisiren und als einzige Gegner die von der Einschließungs-Armee von Paris abgezweigten, schwachen, deutschen Heeresabtheilungen. Welche Wendung der Krieg dann noch hätte nehmen können, läßt sich nicht absehen. Günstig für Deutschland wäre aber eine solche Wendung sicherlich nicht geworden.

2. Die oberste Leitung der Pariser Heere hat sich in einem recht ungünstigen Lichte gezeigt. General Trochu war ein ehrenwerther, militärisch hochgebildeter Mann, ein guter Franzose, ein tüchtiger Redner, aber vom Feldherrn hatte er nicht eine einzige Ader in sich.

Unwillkürlich erinnern die großartigen Demonstrationen der Franzosen zur Unterstützung des Durchbruchsversuches an ihre Vorliebe für theatralische Schaustellungen. Welchen Sinn hatte es wohl, das 4. und 5. preußische Armeekorps durch Scheinangriffe zu beschäftigen? Es war doch den Deutschen schon einfach wegen der großen Entfernungen unmöglich, von dort aus noch rechtzeitig Verstärkungen nach dem Schlachtfelde zu werfen.

Außerdem hatte die geniale Heeresleitung Moltkes wirklich genugsam gezeigt, daß kleinliche Kunstgriffe sie nicht zu täuschen vermochten.

Im Uebrigen verweisen wir auf unsere weiter oben gemachten Bemerkungen über die Demonstrationen der Franzosen.

3. Die mit beinahe fabelhaftem Aufwande an Munition ausgeführte Beschießung der deutschen Stellungen, als Einleitung zur Schlacht, erwies sich als gänzlich zweckwidrig. Die Verluste, welche man dadurch den Deutschen beibrachte, standen in gar keinem Verhältniß zu der ungeheuren Verschwendung von Munition.

Wahrscheinlich haben die Erinnerungen an Sebastopol dabei stark mitgesprochen. Allein damals waren die Franzosen in einer ganz anderen Lage. Ihre Beschießung ergoß sich über einen engen, außerordentlich stark besetzten Raum, einen Raum, der allerdings durch das Höllenfeuer völlig mit Geschossen bedeckt wurde. Da nun die Russen nur sehr mangelhafte Deckungen besaßen, welche noch dazu immer wieder aufs Neue durch das massenhafte feindliche Feuer zerstört wurden, so erlitten sie allerdings furchtbare Verluste.

Dagegen ergoß sich vor Paris das Feuer der französischen Festungs= Artillerie auf ungeheuer weite, sehr dünn besetzte Räume, welche außer= dem den Deutschen vortreffliche Deckungen boten.

Das Ergebniß war denn auch den Umständen entsprechend. In Sebastopol erlitten die Russen entsetzliche Verluste; vor Paris waren die Verluste der deutschen Einschließungstruppen durch französisches Granatfeuer gleich Null.

Das Werk „Das 5. preußische Armeekorps im Kriege von 1870/71" von Stieler von Heydekampf berechnet für sieben aufeinander folgende Tage die Zahl der vom Mont Valérien und der Mühlen= schanze nach den Stellungen des 5. Armeekorps geschleuderten Granaten auf 547 Stück, zu welchen jedoch noch eine erhebliche Anzahl von Granaten hinzugerechnet werden muß, welche aus der Stadtumwallung, den Boulogner Batterien und von den Kanonenbooten gegen die 9. Di= vision geworfen wurden, aber nicht genau berechnet werden konnten, da hier kein Observatorium lag.

Man wird daher die Gesammtzahl der französischerseits in den sieben Tagen gegen das 5. Armeekorps verschossenen Granaten auf mindestens 800 Stück berechnen müssen. Nimmt man als Durchschnitts= gewicht dieser Granaten 25 Pfund an, so erhalten wir eine Masse von 200 Centnern Eisen. Durch diese Masse wurden deutscherseits zwei Verwundungen herbeigeführt, es kommen also auf jeden verwundeten Deutschen 100 Centner Eisen!!!

4. Es erscheint auffällig, daß man deutscherseits am 29. November von der Versammlung der Armee Ducrots nichts weiter bemerkte, als starke Truppenanhäufungen in der Gegend des Mont d'Avron. Die Deutschen verfügten vor Paris noch nicht über feststehende Luftballons und die vorhandenen Observatorien waren weder zahlreich genug, noch lagen sie besonders günstig, so daß dadurch dem Mangel an feststehenden Luftballons nicht abgeholfen werden konnte.

In Zukunft wird dies anders werden. Von der Höhe eines fest= stehenden Luftballons wird man ohne große Schwierigkeit den Anmarsch einer Armee von 90 000 Mann entdecken, selbst wenn das Gelände dem Gegner großen Vorschub leistet, wie dies ja bei den Franzosen der Fall war.

5. Das große Hauptquartier der Deutschen beurtheilte die Kriegs= lage während der ganzen Dauer der Marne=Schlachten durchaus richtig.

Es schwankte nicht einen Augenblick. Vielleicht hätte das große Hauptquartier die günstige Gelegenheit, den Franzosen eine Katastrophe zu bereiten, besser ausnutzen können. Freilich würde dies zweifellos auch zu großen Verlusten auf deutscher Seite geführt haben, wir glauben jedoch, daß das zu erwartende Ergebniß den Einsatz gelohnt hätte. Ganz besonders großen Werth legen wir hierbei auf den moralischen Eindruck, welchen eine ernste Katastrophe der Armee Ducrots in Paris hervorgerufen haben würde.

6. Endlich können wir nicht umhin, dem Bedauern darüber Ausdruck zu geben, daß man an maßgebender deutscher Stelle nicht früher sich zu einer Beschießung von Paris entschließen konnte. Was würde wohl aus der Armee Ducrots geworden sein, wenn 100 schwere deutsche Belagerungsgeschütze das Feuer des Mont d'Avron und der Forts von Nogent und Rosny niedergehalten hätten? An die sehr wirksame Thätigkeit der Artillerie des 3. französischen Armeekorps wäre unter diesen Umständen gar nicht zu denken gewesen. Ebenso wenig würde die französische Feld-Artillerie auf der Halbinsel von Joinville in der Lage gewesen sein, die Thätigkeit zu entwickeln, welche sie in Wirklichkeit in so rühmlicher Weise entwickelt hat. Endlich hätte aber unsere ohnehin den Franzosen in jeder Beziehung überlegene Feld-Artillerie ohne besondere Gefahr ihre volle Wirkung zum Ausdruck bringen können, da sie von der Festungs-Artillerie der Franzosen schwerlich zu leiden gehabt hätte.

Vergleich der Truppenmassen, welche Deutsche und Franzosen an beiden Schlachttagen in das Feuer brachten.

Am 30. November brachten die Deutschen folgende Streitkräfte auf das Schlachtfeld:

Sachsen: 14¼ Bataillone = 10 130 Gewehre und 42 Geschütze,
Württemberger: 8½ = = 7 480 = = 30 =

Zusammen: 22¾ Bataillone = 17 610 Gewehre und 72 Geschütze.

Hierbei sind auch diejenigen Truppentheile mitgerechnet, welche am Abend noch das Schlachtfeld erreichten, ohne zu einer Thätigkeit zu gelangen.

Die Franzosen brachten auf dem linken Marne-Ufer zur Thätigkeit:
1. Armeekorps 27 Bataillone = 19 350 Gewehre, 72 Geschütze,
2. = 24 = = 16 800 = 66 =
3. = 18 = = 12 900 = 30 =
Reserve-Artillerie 24 =

Zusammen 69 Bataillone = 49 050 Gewehre, 192 Geschütze.

Auf dem rechten Marne-Ufer verblieben vom 3. Armeekorps:
11 Bataillone = 8150 Gewehre, 42 Geschütze,
Reserve-Artillerie   18   =

Zusammen   8150 Gewehre, 60 Geschütze.

Letztere Truppen griffen mit ihrer Artillerie sehr wirksam in den Kampf ein und standen in so drohender Nähe der Deutschen, daß wir sie mindestens ebenso gut den Streitern zurechnen können, als diejenigen Truppen der Deutschen, welche am späten Abende das Schlachtfeld erreichten, ohne einen Schuß zu thun.

In runden Zahlen erhalten wir dann für den 30. November folgendes Gesammtbild:

Deutsche . . . 17 600 Gewehre, 72 Geschütze,
Franzosen . . . 57 200   =   252   =

Das Geschütz zu 20 Mann Bedienungsmannschaften gerechnet ergiebt dies in runden Zahlen:

Deutsche . . . . 19 000 Streiter,
Franzosen . . . . . . 62 200   =

Von der Reiterei sehen wir dabei auf beiden Seiten vollständig ab, erinnern jedoch daran, daß die Deutschen außerdem noch das Feuer von einer überaus großen Zahl schwerer französischer Festungsgeschütze zu ertragen hatten.

Am 2. Dezember verfügten die Deutschen auf dem Schlachtfelde von Noisy—Bry—Villiers—Coeuilly—Champigny—Chennevières über folgende Streitkräfte:

Sachsen . . .   16¼ Bataillone = 10 980 Gewehre, 60 Geschütze,
Württemberger . 8½   =   = 6 680   =   42   =
Preußen . . .   18   =   = 13 085   =   66   =

Zusammen   42¾ Bataillone = 30 745 Gewehre, 168 Geschütze.

Die Franzosen brachten auf das eigentliche Schlachtfeld:

1. Armeekorps . . 27 Bataillone = 16 500 Gewehre, 66 Geschütze,
2.   =   . .   24   =   = 15 500   =   62   =
3.   =   . .   19   =   = 12 900   =   24   =
Division Susbielle . 11   =   = 6 000   =   18   =
Reserve-Artillerie .   18   =

Zusammen   81 Bataillone = 50 900 Gewehre, 188 Geschütze.

Außerdem verblieben auf dem rechten Marne-Ufer vom 3. Armeekorps:
10 Bataillone = 7300 Gewehre, 48 Geschütze,
Reserve-Artillerie   18   "
10 Bataillone = 7300 Gewehre, 66 Geschütze.

Fünf Batterien der Divisionen Faron und Maussion waren auf vier Geschütze herabgesetzt, eine Batterie der Armee-Reserve-Artillerie ganz aufgelöst worden. Zusammen verfügten also die Franzosen in der Schlacht vom 2. Dezember über:
91 Bataillone = 58 200 Gewehre, 254 Geschütze.

Wenn wir die Artillerie ebenso berechnen, wie für den 30. November (wobei wir annehmen, daß aus den Reserve-Parks, Munitionskolonnen u. s. w. die Verluste ergänzt worden sind), so erhalten wir in runden Zahlen für den 2. Dezember folgendes Bild:

Deutsche . . . . 34 100 Streiter,
Franzosen . . . . . . 63 200   "

Zum Schluß erinnern wir daran, daß von den 63 200 Streitern der Franzosen, die 15 700 Mann der Divisionen Bellemare und Sus-bielle erst sehr spät auf dem Schlachtfelde erschienen, 8600 Mann des 3. Armeekorps aber überhaupt auf dem rechten Ufer der Marne ver-blieben. Es verringert sich also die Zahl der Franzosen, welche am Morgen des 2. Dezember auf dem Schlachtfelde anwesend waren, auf 38 900 Streitbare.

Wir haben früher gesehen, daß es sehr wohl möglich gewesen wäre, bedeutend größere deutsche Truppenmassen am Morgen des 2. Dezember auf dem Schlachtfelde zu versammeln, als in Wirklichkeit der Fall war, und zwar in runden Zahlen etwa 12 000 Streiter mehr. Dann standen am frühen Morgen 46 000 Deutsche bereit, um 38 900 Franzosen zu überfallen.

In Wirklichkeit wurden nur 2100 Württemberger zu dem Ueber-falle auf Champigny verwendet. Diese kleine aber freilich hervorragend heldenmüthige Schaar war trotz ihrer numerischen Schwäche im Stande, unter den 16 500 Gewehren des 1. französischen Armeekorps eine ge-waltige Panik zu erzeugen.

Was würden wohl unter den gleichen Umständen 46 000 Deutsche geleistet haben, wenn man sie gleichzeitig und einheitlich geführt auf die 38 900 Franzosen geworfen hätte, welche mit französischem Leichtsinn behaglich im Biwak lagen?

www.ingramcontent.com/pod-product-compliance
Lightning Source LLC
Chambersburg PA
CBHW022133160426
43197CB00009B/1271